고입,
면접진로
진학 특강

고입, 면접진로 진학특강

초판 1쇄 인쇄 2022년 01월 20일
초판 1쇄 발행 2022년 01월 25일

—

지은이 최승후
펴낸이 김호석
기획부 곽유찬
편집부 권순현
디자인 redkoplus
마케팅 오중환
경영관리 박미경
영업관리 김경혜

—

펴낸곳 도서출판 대가
주소 경기도 고양시 일산동구 장항동 776-1 로데오메탈릭타워 405호
전화 02) 305-0210
팩스 031) 905-0221
전자우편 dga1023@hanmail.net
홈페이지 www.bookdaega.com

—

ISBN 978-89-6285-353-7 (43040)

최승후 지음

고교 입시, 자소서,
면접의 모든 것

고입,
면접진로
진학특강

도서출판 대가

자소서는 글쓰기고 면접은 말하기입니다. 자기 생각을 적으면 글이 되고, 발화하면 말이 됩니다. 자소서와 면접은 함께 준비하고 연습해야 합니다. 자소서를 쓰면서 면접을 고민해야 하고, 면접 연습을 하면서 자소서의 내용을 고민해야 합니다. 그런데 의외로 학생들이 자소서와 달리 면접을 쉽게 생각하고 준비를 소홀히 하거나 특히, 외고, 국제고, 자사고, 과학고, 영재학교 면접은 사교육에 전적으로 의존하는 극단적인 모습을 보입니다. 이런 연유로『대입, 면접 진로진학특강』책 출간 후 곧바로 후속편인『고입, 면접 진로진학특강』책 집필을 준비했습니다.

말하기 역량은 고입 면접뿐만 아니라 학교급마다 요구되는 역량입니다. 따라서 '면접 기본서' 기능에 충실하면서도, 초등학생, 중학생들이 혼자서도 말하기 준비가 가능한 '말하기 기본서' 기능도 소홀히 다루지 않았습니다.

말하기는 부단한 연습이 켜켜이 쌓이지 않으면 늘지 않는데도, 제대로 된 말 한마디가 얼마나 어려운지를 실감하지 못합니다. 초·중·고 교육과정의 핵심은 '읽기', '쓰기', '말하기'이므로, 발표, 토론, 토의 등에서 자신의 주장을 적절한 논거를 들어서 말할 줄 알아야 합니다. '읽기'는 남의 생각을 독해하는 공부지만, '쓰기'와 '말하기'는 나의 생각을 표현하는 공부이므로 더욱 중요합니다. 당나라 때 관리 선발 기준이었던 '신언서판(身言書

判)'에서 바른 태도로 말하기인 '신언(身言)'이 앞에 나오는 이유입니다.

이 책에서는 '면접 시 삼갈 표현', '면접 화법', '면접 비언어적 표현', '추가 질문의 중요성', '모의 면접' 등 면접의 기본적인 내용을 담았으며, 따로 '말하기 기법(이론)' 내용을 더해서 다양한 말하기 상황에서 제대로 대처할 수 있는 팁을 녹여냈습니다. 부록에는 고입 면접을 준비하는 학생들에게 도움이 될 기출문제 등 자료를 꼼꼼히 챙겼습니다.

자존감이 담뿍 묻어나는 논리적인 말 한마디는 주머니 속의 송곳이 드러나게 해줄 것입니다. 아무쪼록 이 책이 면접을 준비하고 지도하려는 독자에게 희망의 마중물이 되기를 희망합니다.

원고를 읽고 조언해 주신 임병훈, 오수석, 양상욱, 김나경, 진영미, 신미경, 이아람, 한충렬, 한지아 선생님, 정찬영 교수님, 자료 조사와 교정을 도운 애제자 양수정, 김서연, 박다은에게 감사한 마음을 전합니다.

제게도 면접에 관한 흩어져 있던 생각의 편린을 하나로 모은 값진 결과물입니다.

끝으로, 인생의 갈림길에서 사랑하는 세영, 세린이에게 이 책에 담긴 말과 글이 지남철이 되기를 바랍니다.

저자 최승후

총론

자신과 궁합이 맞는 고등학교 선택해야

대입이라는 긴 여정의 첫 걸음은 고입이다. 진로·진학의 큰 그림을 그려야 하는 중학교 시절이 중학생과 학부모에게는 매우 중요하고 민감한 시기다. 이에 고등학교를 선택할 때 최우선으로 고려해야 할 여섯 가지 요소를 제시하여 정보의 비대칭성에서 갈팡질팡하고 있을 교육수요자의 합리적 선택을 돕고자 한다.

첫째, 자신의 진로 설계와 관련 있는 교과목이 개설된 고등학교가 최우선 선택지다. 2015 개정 교육과정은 크게 공통과목과 선택과목으로 구성되며, 선택과목은 일반 선택과 진로 선택으로 나뉜다. 2022학년도 대입

역시 국어, 수학은 공통과 선택과목으로 나뉘며, 탐구영역 역시 두 과목까지 선택할 수 있다. 즉, 내신과 수능 역시 학생의 주도적 선택이 매우 중요해졌다. 하지만 학생 수와 교사 수급을 고려해 교육과정을 편제하는 고등학교의 현실은 학생의 선택권을 세세하게 배려할 수 없다. 이 때문에 지원하려는 고등학교의 교육과정 편제표에 자신이 선호하는 교과목이 있는지 꼭 확인해야 한다. 경영·경제학과군은 '경제' 과목, 전기전자·기계학과군은 '물리Ⅱ' 과목 개설 유무 등은 대입의 결정적 요소다. 현재 고1, 고2 교육과정 편제표를 면밀히 따져봐야 하는 이유다.

둘째, 학교 간 공동교육과정 클러스터[1], 주문형 강좌[2], 온라인 공동교육과정 수강[3]은 고등학교 역량을 결정하는 변수다. 방과 후에 개설되어 있고 다른 학교에서 수업을 받을 수도 있지만, 자신이 속한 고등학교 교육과정에 포함되는 수업이기 때문이다. 오프라인·온라인클러스터와 주문형 강좌는 소수 학교에만 개설되어 있어서 희소성도 작용한다. 대학은 평가의 객관성과 공정성을 위해 학교 수업과 교과연계활동 위주로 채점하기 때문에 정규 교육과정 내 교육활동에 포함되고 학업성취도까지 산출되는 이런 수업을 선호한다.

---

1 학생들의 과목 선택권을 보장하기 위해 인근 지역 학교 간 상호 협력하여 운영하는 공동 교육과정을 말하며, 주로 방과 후에 운영함
2 학생의 과목 개설 요구가 있으나 교사 수급 문제 또는 반편성의 어려움 등으로 개설이 어려웠던 과목을 학생들의 과목 선택권을 확보하기 위해 학교가 별도로 개설 운영하는 강좌
3 배우고 싶은 교과목이 우리학교 교육과정에 없을 때 내가 신청한 교과목이 개설될 경우, 온라인 교육포털 '교실온닷'이라는 사이트에 접속하여 실시간, 쌍방향 온라인 방식으로 운영되는 교육과정

셋째, 학기말 16+1 학교자율교육과정[4]도 요즘 각광받고 있다. 한 학기는 17주로 구성돼 있다. 하지만 마지막 17주는 1학기 진도를 마치고 의미 없이 보내는 경우가 많다. 그래서 학기말 학습 공백기를 효율적으로 활용하고자 권장하는 교육과정이다. 단위학교 역시 한 주 동안의 짧은 기간이지만, 한 학기 동안 미리미리 착실히 준비해 자기주도학습능력 및 창의력을 기를 수 있는 교육과정을 운영하고자 노력한다. 교과 융합 활동을 통해 고차원적 사고능력을 기르는 팀프로젝트 활동이 눈에 띄는데 이 활동 기록은 '개인별 세부능력 및 특기사항'에 기재된다.

넷째, 지원하는 고등학교의 진로·진학 프로그램은 대입 성적을 결정하는 상수다. 인문계, 자연계 핵심 정규·자율 동아리, 차별성 있는 봉사활동과 독서활동, 자율활동 중 특색 있는 학교·학년 활동과, 특히 학급활동의 활성화 유무도 눈여겨봐야 하는 대목이다. 학업역량, 전공적합성, 발전가능성이 드러나는 진로활동은 많을수록 좋다. 정규 교육과정은 아니지만 '경기꿈의학교' 등 시도교육청에서 개설한 진로·진학 프로그램 거점학교나 참여율이 높은 학교도 권하고 싶다. 여기에 두 명 이상의 진로·진학 전문교사가 근무하고 수시·정시 준비가 모두 가능한 학교라면 더할 나위 없다.

다섯째, 특성화 교육과정[5]을 지정한 학교 역시 대입에서 좋은 성과를

4 고등학교에서 1단위(50분 수업을 17회 운영하는 수업량)의 수업 중 1회를 교과 또는 타교과 융합형의 프로젝트 수업, 보충수업, 동아리 활동 연계 수업, 과제(주제) 탐구 수업, 팀프로젝트 수업 등 학교에서 자율적으로 운영하는 과정(학기별 최대 30시간까지 운영 가능)

5 특정 분야에 소질, 적성이 있는 학생이 특색 있는 교육을 받을 수 있도록 중점 교과 교육과정을 편성하고 진로·진학과 연계된 심화 학습 경험을 제공하는 과정

내고 있다. 과학, 예술, 체육, 외국어, 융합, 국제화 등의 운영 교과로 편성
돼 있다. 지정한 교과를 집중해서 배우는 교과중점학교, 과학중점학교의
입시성적이 좋은 것은 결코 우연이 아니다. 고등학교 교육과정 안에서 대
학이 원하는 수업을 많은 시간 이수하기 때문이다.

여섯째, 수시모집 학생부위주전형(학생부교과전형, 학생부종합전형) 대
세 시대에 내신성적은 선택이 아니라 필수다. 내신성적 확보가 상대적으
로 유리한 고등학교의 대전제는 학생 수다. 같은 등급대 학생 수가 많아
야 안정적으로 등급 따기가 수월하다. 따라서 지원하려는 고등학교 인문
계, 자연계 학급 수와 학생 수는 '학교알리미'나 학교 홈페이지를 통해서
반드시 조사해야 한다.

끝으로, 고입 목적이 현실적으로 대입이라면, 입시에 맞춰서 자신과 가
장 궁합이 맞는 고등학교를 잘 따져서 선택하면 된다. 백 번이라도 찾고
또 찾아보자. 하지만 학부모의 입장만 강요해선 안 된다. 통학거리, 남녀
공학과 동성학교 여부, 기숙학교 여부, 맵시나는 교복, 맛있는 급식 등 학
생의 의견도 반영되었으면 한다. 거기에 진학뿐만 아니라 진로를 중심으
로 선택할 수 있다면 금상첨화다.

▣ 고등학교 종류_계열별

영재학교	특목고	자율고	일반고	특성화고
• 과학영재학교 • 과학예술영재학교	• 과학고 • 외국어고 • 국제고 • 예술고 • 체육고 • 마이스터고	• 자율형 사립고 　-전국단위 자사고 　-지역단위 자사고 • 자율형 공립고	-자율학교 -교과중점학교	-직업계열 -대안계열 （대안고）

*외국어고, 국제고, 자사고 2025년 전면 폐지

• 고등학교 종류_모집 시기별

구분	고등학교 계열		
전기고	• 과학고		
	• 마이스터고		
	• 예술고		
	• 체육고		
	• 특성화고 • 일반고 특성화학과	특별전형	
		일반전형	
후기고	비평준화지역 • 일반고, 자율형 공립고		
	평준화지역 • 일반고, 자율형 공립고		
	자기주도학습전형 실시교 • 외국어고, 국제고, 자율형 사립고		

*영재학교는 1학기 6월에 원서접수를 실시하므로 미포함

■ 중학교 졸업자의 고교유형별 진학률(2018년 2월 졸업자)

고등학교 계열	고교 학교 수	2018년 중학교 졸업자 수
일반고	1,556교	70.6%
특수목적고 (마이스터고 포함)	155교	4.6%
자율고 (자공고&자사고)	158교	5.9%
특성화고	491교	17.9%
소계	2,360교	457,120명

■ 일반고등학교

특정분야가 아닌 다양한 분야에 걸쳐 일반적인 교육을 실시하는 고등
학교

- 모집단위: 시·도 지역/광역단위
- 교과구성: 보통교과와 전문교과로 구성
- 창의적 체험활동: 자율 활동, 동아리 활동, 봉사 활동, 진로 활동
- 총 이수 단위 204단위 = 교과(군) 180단위 + 창의적 체험활동 24단
  위(408시간)

  *교과(군)의 총 이수 단위 180단위 중 필수 이수 단위 94단위

■ 외국어고등학교

외국어에 능숙한 인재 양성을 위한 외국어 계열의 고등학교

- 모집단위: 전국단위
- 일반입학전형: 내신, 면접 등 자기주도학습전형으로 선발

- 사회통합전형: 모집정원의 20% 이상
- 총 이수 단위 204단위 = 교과(군) 180단위 + 창의적 체험활동 24단위(408시간)

  *교과(군)의 총 이수 단위 180단위 중 보통교과는 85단위 이상, 전공 관련 전문 교과I을 72단위 이상 편성

  *전문 교과I의 총 이수 단위의 60% 이상을 전공 외국어로, 전공 외국어를 포함한 2개 외국어로 전문 교과I의 과목을 편성

■ 국제고등학교

국제정치 및 외교 분야 전문 인재 양성을 목적으로 하는 고등학교

- 모집단위: 광역단위
- 일반입학전형: 내신, 면접 등 자기주도학습전형으로 선발
- 사회통합전형: 모집정원의 20% 이상
- 총 이수 단위 204단위 = 교과(군) 180단위 + 창의적 체험활동 24단위(408시간)

  *교과(군)의 총 이수 단위 180단위 중 보통교과는 85단위 이상, 전공 관련 전문 교과I을 72단위 이상 편성

  *전문 교과I의 국제 계열 과목과 외국어 계열 과목을 72단위 이상 이수하되, 국제 계열 과목을 50% 이상 편성

■ 과학고등학교

과학 인재 양성을 위해 전문적인 교육을 목적으로 하는 과학 계열의 고등학교

- 모집단위: 광역단위
- 일반입학전형: 내신, 면접 등 자기주도학습전형으로 선발
- 사회통합전형: 모집정원의 20% 이상 선발
- 총 이수 단위 204단위 = 교과(군) 180단위 + 창의적 체험활동 24단위(408시간)

  *교과(군)의 총 이수 단위 180단위 중 보통교과는 85단위 이상, 전공 관련 전문 교과I을 72단위 이상 편성

■ 예술고등학교

문학, 음악, 미술, 무용, 연극, 영화 등 예술실기 인재 양성을 목적으로 하는 고등학교

체육고등학교: 체육에 관한 지식과 기술의 전문 교육을 주로 하는 고등학교

- 모집단위: 전국단위
- 일반입학전형: 내신, 면접, 실기 등
- 총 이수 단위 204단위 = 교과(군) 180단위 + 창의적 체험활동 24단위(408시간)

  *교과(군)의 총 이수 단위 180단위 중 보통교과는 85단위 이상, 전공 관련 전문 교과I을 72단위 이상 편성

■ 마이스터고등학교

유망 분야의 특화된 산업수요와 연계하여 예비 마이스터(Young Meister)를 양성하는 고등학교

- 모집단위: 전국단위
- 일반입학전형: 내신, 면접, 실기 등
- 특별입학전형: 마이스터 인재 전형, 지역 인재 전형, 사회배려자 전형, 학교장 추천 전형 등
- 총 이수 단위 204단위 = 교과(군) 180단위 + 창의적 체험활동 24단위(408시간)

  *교과(군)의 총 이수 단위 180단위 중 보통교과는 66단위 이상, 전문 교과 II를 86단위 이상 편성

■ 자율형사립고등학교

학교의 건학이념에 따라 교육과정 및 학사운영 등을 자율적으로 운영할 수 있도록 지정·고시된 고등학교

- 모집단위
  - 전국단위: 하나고, 용인외대부고, 북일고, 김천고, 포항제철고, 광양제철고, 인천하늘고, 현대청운고, 민족사관고
  - 시도단위: 위를 제외한 나머지 학교
- 일반입학전형: 자기주도학습전형 선발을 원칙(민족사관고는 학교자체 방식)
- 사회통합전형: 모집정원의 20% 이상(상산고, 포항제철고, 현대청운고, 광양제철고는 10% 이상)
- 총 이수 단위 204단위 = 교과(군) 180단위 + 창의적 체험활동 24단위(408시간)

  *교과(군)의 총 이수 단위 180단위 중 필수 이수 단위 94단위

▣ 자율형공립고등학교

공립고등학교를 대상으로 교육감이 교육제도 개선 및 발전을 위해 필요하다고 인정하는 경우, 학교 또는 교육과정을 자율적으로 운영할 수 있도록 지정·고시된 고등학교

- 모집단위: 광역단위
- 일반입학전형
  - 평준화: 추천배정
  - 비평준화: 내신±선발고사
- 사회통합전형: 충남 서산 대산고 모집정원의 2.8%
- 총 이수 단위 204단위 = 교과(군) 180단위 + 창의적 체험활동 24단위(408시간)

  *교과(군)의 총 이수 단위 180단위 중 필수 이수 단위 94단위

▣ 영재학교

타고난 잠재력 계발을 위해 특별한 교육이 필요한 영재를 대상으로 능력과 소질에 맞는 교육을 위해 설립된 고등학교과정 이하의 학교

- 모집단위: 전국단위
- 입학전형: 추천 및 선정심사위원회의 심의(「영재교육진흥법 시행령」 제19조)
- 사회통합전형: 일부학교에서 시행
- 교육과정: 해당 교육기관의 교육 영역 및 목적 등에 적합한 교육과정 운영(「영재교육진흥법」 제13조 제1항)

▣ 특성화고등학교(직업계열)

직업교육 분야의 특성화고등학교란 졸업 후 취업을 희망하는 학생들을 대상으로, 애니메이션, 요리, 영상, 관광, 공예, 디자인, 도예 등 다양한 분야의 교육을 실시하는 고등학교

- 모집단위: 광역/전국단위
- 일반입학전형: 내신, 면접, 실기 등
- 사회통합전형: 일부학교에서 모집함
- 총 이수 단위 204단위 = 교과(군) 180단위 + 창의적 체험활동 24단위(408시간)

  *교과(군)의 총 이수 단위 180단위 중 보통교과는 66단위 이상, 전문 교과 II를 86단위 이상 편성

▣ 특성화고등학교(대안계열)

대안학교란 공교육의 문제점을 보완하고자 학습자 중심의 자율적인 프로그램을 운영하도록 만들어진 종래의 학교교육과는 다른 대안교육을 실천하는 학교

- 모집단위: 광역/전국단위
- 일반입학전형: 교육감이 정하는 바에 따라 내신, 추천서, 면접, 그 밖에 실기 등 학생의 자기주도학습능력을 평가할 수 있는 사항의 일부 또는 전부를 반영하되, 중학교 교육과정의 수준과 범위를 벗어나지 않는 범위에서 실시(「초·중등교육법 시행령」 제82조제1항)
- 사회통합전형: 일부학교에서 모집함(인천 강화군 산마을고등학교)

• 학교의 설립 목적 및 특성에 따라 자율적으로 교육과정 편성 및 운영 가능

■ 외고·국제고 전망

긍정 전망	부정 전망
• 학령인구 감소로 경쟁률 소폭 하락 • 2022학년도 이후 정시 확대로 수시와 정시 준비가 모두 가능한 학교 경쟁력 상승 • 2025년 일반고 전환 이후에도 학업분위기, 우수한 학생들 지원 성향, 수능 준비 때문에 인기 지속 예상 • 평준화 지역에서 우수 고교에 대한 열망	• 내신 따기 쉬운 일반고로 상위권 일부 유입 • 외고, 국제고, 자사고와 일반고 입시 동시 실시 - 불합격 시 희망하는 일반고로 배정될 확률이 낮아짐 • 수능 영어절대평가 실시 • 어학특기자전형 축소 • 인문사회계열 취업난 • 외고, 국제고 학교별 경쟁력 차이 • 의대 정원 증가, 약대 통합 6년제 전환 • 비싼 학비 • 문·이과 통합형 수능으로 자연계 수험생 유리해짐

■ 자사고 전망

긍정 전망	부정 전망
• 중학교 우수 학생 중 외고/국제고, 과학고/영재학교 진학을 기피하는 자연계 성향 지원자들의 선호 • 학령인구 감소로 경쟁률 소폭 하락 • 2022학년도 이후 정시 확대로 수시와 정시 준비가 모두 가능한 학교 경쟁력 상승 • 2025년 일반고 전환 이후에도 학업분위기, 우수한 학생들 지원 성향, 수능 준비 때문에 인기 지속 예상 • 평준화 지역에서 우수 고교에 대한 열망	• 2025년 외국어고/국제고/자사고의 일반고 전환 여파와 이공계 선호 영향으로 과학고/영재학교로 상위권 일부 유입 • 자사고 학교별 경쟁력 차이 • 비싼 학비 • 내신 따기 쉬운 일반고로 상위권 일부 유입

▣ 과학고, 영재학교 전망

긍정 전망	부정 전망
• 과학고, 영재학교는 학생 우선 선발권이 유지돼 경쟁률 추이 변화는 크게 없음 • 학령인구 감소로 경쟁률 소폭 하락 • 고입 동시 선발로 자사고 지원자의 일부 유입 • 고입 동시 선발로 3중 지원까지 가능 　(영재학교→과학고→외고.국제고/자사고/일반고) • 자연계 최우수 학생들 지원 성향 지원 예상 • 수시모집에서 대부분 진학하는 장점이 있으므로 정시 확대는 과학고 경쟁률에 큰 영향 없음 • 인문사회계에 비해 높은 이공계 취업률 • 약대 통합 6년제 전환	• 2025년 외국어고/국제고/자사고 일반고 전환 여파와 이공계 선호 현상 영향으로 경쟁률 상승 • 영재학교 간 중복지원 금지로 수도권 소재 영재학교의 실질 경쟁률 상승(2021년 중3 재학생부터 적용) • 특기자전형 감소 • 과학고 학교별 경쟁력 차이 • 내신 따기 쉬운 일반고로 상위권 일부 유입 • 의대 진학 불이익

▣ 특성화고, 마이스터고 전망

긍정 전망	부정 전망
특성화고 • 특성화고 졸업자 특별전형은 '선취업 후진학'으로 진학이 상대적으로 용이 • 차별화된 특성화고는 평범한 일반고보다 만족도 높음 **마이스터고** • 학급당 인원수가 20명이고, 내신 우수자들이 많아서 수업분위기 좋음 • 학교에 대한 지원이 많고 실습이 특화됨. 고졸 취업을 하면 정부지원금 400만 원 제공	• 취업률 vs 취업 수준의 차이 • 특성화고 - 진학 준비 이중 부담 • 특성화고 동일계 특별전형 - 정원외 1.5%로 비중이 매우 적음 • 특성화고 졸업자 특별전형 3년 - 긴 플랜으로 중도 포기자 발생 • 특성화고, 마이스터고 학교별 경쟁력 차이 • 일부 특성화고의 학업분위기 확인 필요

목차

PART
1

면접 시
삼갈 표현

01

피동 표현은 삼가고
능동 표현을 사용하자

수정 전 예시 **1**	수정 전 예시 **2**
- 라고 느껴진다	- 라고 생각된다

평가자는 지원자의 어떤 점에 주목하여 점수를 줄까? 3년을 가르쳐야 하는 학생이므로 말과 글에 자존감이 담뿍 묻어나는 지원자를 선택할 확률이 높다.

고양이가 아닌 호랑이처럼 자신을 드러내고 싶다면 '피동[1]' 말과 글을 삼가야 한다. 피동은 말 그대로 당하다는 뜻이다. 영어는 물주(物主) 구문 즉 사물 주어가 있어서 피동문이 가능하다. 하지만 우리말은 피동문을 쓰면 책임회피성 말과 글로 읽힌다. 자신이 한 말과 행동에 책임지지 않고 본인 이야기가 아닌 사돈 남 말 하는 식으로 말이다. 이런 피동형 글은 기업의 사과문에서 자주 볼 수 있다. 예컨대 '책임 있는 해결책이 요구됩니다'라는 문장에는 누가 책임 있는 해결책을 내놓아야 하는지 주어가 없이 피동형으로 쓰였다. 여기에 이중피동인 '~요구되어집니다'로 표현하면 더욱 곤란하다. 즉 책임회피성 글과 말에는 주어 없이 피동형 구성이 많다. '제기된 문제들은 추후 시시비비가 가려질 것입니다'라는 사과문은 주어 없이 피동형으로 쓰여 책임을 회피하는 물타기식 표현이 되고 말았다.

다시 한 번 강조한다. 피동 표현은 삼가고 능동 표현으로 말하고 쓰자. 그러면 말과 글에 자신이 보이기 시작한다. '성적이 떨어져 우울해졌다'가 아닌 '성적이 떨어져 우울했다'라고 하자. 느끼고 생각하는 주체는 본인 아닌가?

수정 후 예시 **1**

- 라고 느꼈다

수정 후 예시 **2**

- 라고 생각한다

---

1 주어가 자신의 힘으로 동작을 하는 것을 능동이라고 하고, 반대로 주어가 다른 주체에 의해서 동작을 당하는 것을 피동이라고 한다.

02
자신 없는 표현은 삼가고
주장은 분명하게 하자

수정 전 예시 1

- 배가 부른 것 같아요. 그래서 기분이 좋은 것 같아요

수정 전 예시 2

- 합격할 거라는 생각이 든다

〈삼갈 표현〉

- 라는 생각이 든다
- 인 것 같다
- 인 것 같아요
- 인 것 같습니다
- 인 것처럼 보인다
- 인 듯하다
- 인지 모르겠다
- 일 것이다
- 일지(도) 모른다
- 일 수(도) 있다고 생각한다
- 하지 않을까 한다
- 할 것 같다

위 표현은 주장이 분명하지 않고 자신 없는 대표적인 표현이다. '- 라고 생각된다', '- 라고 생각이 든다', '-일 수(도) 있다고 생각한다'는 표현보다는 '- 라고 생각한다'라고 표현하는 것이 자신을 드러내는 데 적합하다. 본인이 먹고 느끼는 거라면 '배가 부른 것 같아요. 그래서 기분이 좋은 것 같아요'가 아닌 '배가 부릅니다. 그래서 기분이 좋습니다'로, '합격할 거라는 생각이 든다'가 아닌 '합격한다고 생각합니다'라고 말하고 쓰자. 그래야 면접관의 좋은 평가를 얻을 수 있다.

수정 후 예시 **1**

- 배가 부릅니다. 그래서 기분이 좋습니다

수정 후 예시 **2**

- 합격한다고 생각합니다

03

지시어를 삼가라

지시어 남용 예시 **1**

그러면 거기에 지원을 하면 워낙 우리나라 그런 문화적인 역량이나 소질이 뛰어나니까 확 그냥 세계로 뻗어나갈 수 있고 그럼으로써 한류도 더 힘을 받을 수 있고 또 정부 시책도 관에서만 이렇게 하는 것이 아니라 민이 합쳐짐으로써 지금 시대에는 더 창의성으로 나아갈 수 있고 그렇게 하다보면 국가브랜드도 높아지고 그렇게 하다보면 그런 국가 브랜드를 가지고 또 기업도 더 그 나라에서 호의적인 분위기 속에서 활동할 수 있다는 여러 가지의 공감을 해 가지고 참여를 하고 동참을 그분들이 해준 것인데 압수수색까지 받고 여러 가지 어려움을 많이 겪는 것을 보면서 정말 그것도 제가 굉장히 미안스럽고 그래서 마음 편할 날이 없습니다.

2017년 1월 1일 ○○○ 대통령 신년 기자 간담회 중 발췌

지시어 남용 예시 2

저는 부동산 시장의 변화와 주변 지역을 파악하는 능력이 필요하다고 생각했습니다. 이러한 능력을 기르기 위해서 '알뜨르 비행장, 강병대, 그리고 ○○사람들'이라는 주제로 주변 지역 군사시설이 미친 영향을 조사하는 R&E 활동에 참여하거나 제주도 해외자본 유입의 그 배경인 제주 부동산투자이민제에 대해서 탐구했습니다. 이러한 탐구활동들을 통해 부동산이 초래하는 변화의 다양성과 부동산 정책과 환경문제와의 연관성을 알 수 있었고 그런 부동산 시장의 변화를 파악하는 안목을 키움으로써 정책과 시장에 더욱 관심을 가지게 되었습니다. 뿐만 아니라 이를 위해 수원화성의 축조과정을 탐구하면서 토지의 개별성을 느꼈습니다.

위 사례와 마찬가지로 학생들은 쓸데없이 지시어를 남발하는 경우가 많다. 물론 문장 간의 매끄러운 연결을 위해 앞에 나온 구절이나 문장을 지시어를 사용해서 반복을 피할 때는 사용해도 된다. 하지만 지시어의 특성상 앞 내용을 다시 떠올려야 하는 번거로움이 있기 때문에 평가자는 말을 쉽게 한 번에 이해하기 어렵다. 많은 면접자를 평가해야 하는 면접관 입장에서 본다면 지시어를 남발하는 면접자에게 좋은 점수를 주기는 어렵다. 지시어를 줄이고 구체적으로 답변하는 것이 합격 포인트다.

1인칭 대명사를 삼가라

1인칭 대명사 남용 예시 **1**

먼저 제 위치를 파악하기 위해 11월에 치러진 전국연합 문제를 풀어봤습니다. 저는 영어를 제외하고는 결과가 그리 좋지 않았습니다. 수많은 영어 시험을 봤지만 그때 타국의 언어로 돼있는 문제들의 답을 논리적으로 고른다는 사실이 저에게 새삼 굉장히 재밌고 흥미롭게 느껴졌습니다. 평소에도 영어를 좋아했지만 이를 계기로 저는 영어에 대한 흥미가 더욱 높아져서 EBS 영어 강의를 직접 수강하여 영어공부를 본격적으로 하기 시작했습니다. 그에 따라 영어 성적도 향상됐습니다. 그런데 문제는 공간개념을 요구하는 기하와 벡터였습니다. 저는 영어 성적이 향상된 것처럼 수학 또한 공부한다면 반드시 성적이 오를 것이라 생각했습니다. 그래서 저는 공간 단원의 개념문제들을 풀어보기 전에 제가 임의로 공간좌표들을 만들어내 직접 좌표공간에 표시해보면서 평면 속의 공간에 익숙해지려고 노력했습니다.

1인칭 대명사 남용 예시 2

저는 중학교를 3년 동안 다니면서 적지 않은 활동을 해왔습니다. 제가 3년 동안 해온 활동 중에서 그래도 제가 제일 열심히 배우고 느낀 세 가지를 말하려 합니다. 일단 첫 번째는 영어입니다. 요즘은 글로벌시대입니다. 교통도 발달하고 정보도 발달한 요즘은 외국인들도 한국에 많이 오고 한국인들도 외국에 많이 가는 추세입니다. 따라서 저는 영어는 잘해야 한다고 생각합니다. 그래서 저는 학교에서 영어 에세이를 쓰고 상을 준다는 행사를 연다는 소식을 듣고 참가하여 아버지를 존경한다는 내용의 에세이와 영어를 왜 배워야 하는가의 내용의 에세이를 썼습니다.

위 사례처럼 1인칭 대명사 '저, 저희, 제가'의 습관적인 사용은 바람직하지 못하다. 학생들이 면접과 자소서에서 1인칭 대명사를 자주 쓰는 것은 자기를 표현하려는 욕구가 강하고 평가자에게 자기 말과 글을 중계하려 하기 때문이다. 본인이 면접자라는 것을 면접관이 아는데도 반복적으로 쓴다면 지루하고 딱딱한 인상을 준다. 두운(頭韻)처럼 같은 단어가 반복되면 글의 외관도 좋지 않다. 첫 문장에 자신을 주어로 밝혔다면 다음부터는 굳이 1인칭 대명사를 반복할 필요는 없다.

05

부사를 삼가라

가끔	거의	그냥	글쎄
딱히	자주	빨리	참, 정말, 진짜
너무, 매우, 아주	무조건, 절대적으로		

위에 열거한 단어는 모두 품사가 '부사'다. 부사는 말과 문장을 애매모호하게 만든다. 손에 꽉 잡히지 않는다. 예컨대 '자주'는 몇 회부터 자주인가? '조용한'으로 충분하다면 굳이 '진짜 조용한, 참 조용한'으로 말할 필요없다.

세상에는 '무조건, 절대적'으로 설명 가능한 것이 많지 않다. 부사를 남용할 경우 말이 무성의하고 주관적이게 된다. 오죽하면 미국의 소설가 스티븐 킹은 '지옥으로 가는 길은 수많은 부사들로 뒤덮여 있다'라고 했을까? 평가와 관련된 말과 글에서는 가급적 부사를 삼가는 것이 좋다.

06
상투적인 어구, 논증을
무시하는 어구를 삼가라

요즘	4차 산업혁명
최근	노력은 배신하지 않는다
현대사회	사교육의 도움을 한 번도 받지 않았다
어릴 때부터	로마는 하루 아침에 이루어지지 않았다

　누구나 알고 있는 상투적인 어구는 엇비슷한 실력의 학생을 평가해야 하는 평가자의 주목을 끌기 어렵다. 아울러 흔한 명언명구, 속담, 사자성어 등도 식상할 수 있다. 면접 시 첫 문장은 평가자의 호기심을 유발하거나 전공적합성과 관련된 어구로 시작하면 좋다.

어차피	아무튼
여하간(하여간)	여하튼
아무렇든지	좌우당간
어쨌든	거두절미하고

실컷 말을 잘 해놓고 위와 같은 어구로 끝맺음을 해서 점수가 깎이는 것에 유의해야 한다. 자신감 있고 소신 있는 학생을 평가자는 좋아한다. 자신의 논증을 무시하고 깎아내리는 어구를 삼가자.

07

삼갈 표현

- 인데요, - 같아요, - 같습니다   저기요, 그러니까, 뭐라구요, 있잖아요

그냥 한번 해봤어요   질문 좋은데요, 질문 바꿔주세요

죄송하지만, 미안하지만, 부족하지만   수고하셨습니다

음, 아, 쩝-, 헐-   개강/강의 때 뵙겠습니다

무심코 쓰는 이런 상투적인 표현이나 버릇을 삼가자.

'- 인데요, - 같아요, - 같습니다'
☞ 자신감이 묻어나는 말투는 합격의 지름길임을 명심하자.

그냥 한번 해봤어요
☞ 자기주도성은 면접의 중요한 평가요소임을 명심하자.

죄송하지만, 미안하지만, 부족하지만
☞ 셀프 디스보다는 PR, 즉 피할 건 피하고, 알릴 건 알려야 함을 명심하자.

음 -, 아 -, 쩝 -, 헐 -
☞ 말머리에 두운처럼 쓰는 음성어는 피해야 함을 명심하자.

저기요, 그러니까, 뭐라구요, 있잖아요
☞ 면접은 면접관이 묻고 면접자가 답변하는 룰을 지켜야 한다. 되묻는 건 면접의 룰이 아님을 명심하자.

질문 좋은데요, 질문 바꿔주세요
☞ 면접의 과정에서 면접자는 면접의 과정에서 주도권이 없음을 명심하자.

수고하셨습니다
☞ '수고하셨습니다'는 윗사람이 아랫사람에게 하는 말이다. '애쓰셨습니다. 감사합니다. 고맙습니다'가 적절한 클로징 멘트임을 명심하자.

개강/강의 때 뵙겠습니다
☞ 자신감이 지나쳐도 역효과임을 명심하자.

08

제발 하지마세요

사자성어, 속담!!!	큰 절·경례!!!
삼행시!!!	구호·만세!!!
노래·랩·춤!!!	합격 구걸!!!

위에 열거한 내용은 합격과 무관하다. 평가자는 역량 있는 학생을 선발하는 것이지 학생의 퍼포먼스를 평가하는 것이 절대 아니다. 삼행시를 구상할 시간에 본인의 학생부를 밑줄 쳐가며 공부하자.

09

면접,
One more thing...

질문을 잘 이해 못했으면 다시 질문하는 용기도 필요합니다. 너무 무리하게 많이 떨어요. 진정시키는 데 5분 걸렸어요. 서류전형을 통과했다는 건 뽑을 의사가 있다는 거예요. 완벽할 수는 없고, 얼마나 사고가 확장될 수 있는지를 보는 거예요. 사회과학에 정답은 없어요.

—어느 면접관의 말

✔ 짧게 말하면 자신만 손해다. 답변을 최대화하자!!!

✔ 지원한 고교에 반드시 입학할 것이라는 인상을 주자!!!

✔ 제한된 시간 내에 자신의 우수성을 효과적으로 표현하자!!!

✔ 면접관은 지원자가 입학하지 않을까 두렵다. 지원자가 갑이다. 지나치게 긴장하지 말자!!!

– 최승후 교사의 말

✔ 교과세특, 독서, 창체활동, 자소서 등 서류에 기반해 예상 질문을 준비하자

✔ 학과의 수업들과 본인의 희망 진로를 연결해보자

✔ 암기한 것을 녹음기 틀 듯, 외운 것처럼 말하지 말자

✔ 본인도 모르는 어려운 어른의 말투와 용어를 피하자

– 친구와 동생도 이해할 수 있게, 본인 생각을 쉽게 표현하자

– 최승후 교사의 말

면접은 '평가자 입장에서'

'남이 아닌' 자기를 소개하는 시험입니다.
평가자가 듣고 싶은 말을 하세요!!!

면접 화법
15계명

01

두괄식 말하기

    고입에서도 대입처럼 면접을 치르는 자기주도학습전형[1]이 있다. 외국어고, 국제고, 자율형사립고, 과학고가 이에 해당한다. 고입 면접에서 '두괄식 말하기'는 면접 준비에 톡톡한 도움이 된다.

    면접은 '초두효과(初頭效果)', 즉 '첫인상'이 매우 중요하다. 처음 두세 마디 말에서 지원자의 이미지가 결정될 수 있기 때문이다. 처음 제시된 정보가 나중에 제시된 정보보다 면접관의 기억에 훨씬 더 큰 영향을 준다

---

1 학생의 자기주도학습 결과와 학습 잠재력을 중심으로 입학전형위원회에서 창의적이고 잠재력 있는 학생을 선발하는 고등학교 입학전형 방식

면 두괄식 말하기가 정답은 아니어도 유용한 말하기 방식임에는 틀림없다. 두괄식 말하기는 하고 싶은 말이 앞 부분에 오는 말의 구성 방식이다. 앞으로 전개할 내용을 압축적으로 간추려 제시하면 된다. 두괄식 말하기는 평가자 위주의 말하기 방식이다. 즉, 상대방을 중심으로 놓고 나에게 주어진 질문의 요지를 두세 줄로 짧게 요약하여 결론만 이야기하는 방식이다. 고입 면접은 면접관을 중심으로 놓고 나에 대해 설명하는 역지사지(易地思之)형 방식으로 말해야 한다. 즉, 면접관이 관심을 가질 임팩트 있는 정보를 말머리에 놓아야 한다. 고입 자기주도학습진형의 실질경쟁률을 고려한다면 두괄식 말하기 방식이 효율적이라는 데 이의는 없을 것 같다. 많은 학생들과 면접을 치러내야 하는 면접관을 위한 최소한의 배려일 뿐만 아니라 쟁쟁한 실력자들 사이에서 살아남기 위한 전략적 말하기 방식이다. 그렇다면 두괄식 말하기 사례를 예를 들어 살펴보자.

두괄식 말하기 예시 1

〈수정 전〉
독도는 우리 땅이 아니라 40년 통한의 역사가 뚜렷하게 새겨져 있는 역사의 땅입니다. 독도는 일본의 한반도 침탈 과정에서 가장 먼저 병탄되었던 우리 땅입니다. 일본이 러일전쟁 중에 전쟁 수행을 목적으로 편입하고 점령했던 땅입니다. 따라서 독도는 우리 땅입니다.
- 2006년 4월 25일 노무현 대통령 '한일관계에 대한 특별담화문' 중

〈수정 후〉
독도는 우리 땅입니다. 그냥 우리 땅이 아니라 40년 통한의 역사가 뚜렷하게

새겨져 있는 역사의 땅입니다. 독도는 일본의 한반도 침탈 과정에서 가장 먼저 병탄되었던 우리 땅입니다. 일본이 러일전쟁 중에 전쟁 수행을 목적으로 편입하고 점령했던 땅입니다.

- 2006년 4월 25일 노무현 대통령 '한일관계에 대한 특별담화문' 중

자, 이제 수정 전과 수정 후를 곰곰이 살펴보자. 두 글 모두 같은 내용이지만, 수정 후가 정보 전달력이 좋다. 두괄식으로 핵심 정보를 앞에 놓고 진술했기 때문이다. '독도는 우리 땅입니다'라는 말에는 독도는 우리 땅이라는 정보 이외는 다른 정보가 없어서 쉽게 읽을 수 있고, 뒷받침 문장이 근거로 이어질 것으로 쉽게 예측할 수 있다.

두괄식 말하기 예시 **2**

〈수정 전〉
저는 관련 교과를 공부할 때는 생소한 개념들을 포스트잇에 적어 제 주변에 붙이며 자주 봤으며, 또한 공부하며 생기는 질문들은 인덱스 스티커에 적고 교과서 옆면에 붙여서 과학 교과서를 스티커로 도배했습니다. 이런 방식으로 중요한 것과 질문할 것을 분류하여 저만의 과학 교과서를 만들었습니다. 그리고 쉬는 시간에는 선생님들께 이해가 될 때까지 계속 질문을 했습니다. 저는 특히 과학 과목에 관심이 많아 과학 과목에서만큼은 완벽을 추구했습니다. 이 때문에 학원을 다녀본 적이 없지만 혼자 공부하는 습관이 잘 되어 있어 과학 성적을 올릴 수 있었습니다.

〈수정 후〉
저의 가장 큰 강점은 학원을 다녀본 적 없이 자기주도적 학습이 습관화 돼있

다는 점입니다.

저는 특히 과학 과목에 관심이 많아 과학 과목에서만큼은 완벽을 추구했습니다. 관련 교과를 공부할 때는 생소한 개념들을 포스트잇에 적어 제 주변에 붙이며 자주 봤으며, 또한 공부하며 생기는 질문들은 인덱스 스티커에 적고 교과서 옆면에 붙여서 과학 교과서를 스티커로 도배했습니다. 이런 방식으로 중요한 것과 질문할 것을 분류하여 저만의 과학 교과서를 만들었습니다. 그리고 쉬는 시간에는 선생님들께 이해가 될 때까지 계속 질문을 했습니다.

두 번째 예시도 수정 후가 선발될 확률이 더 높다. 두괄식으로 '자기주도학습 역량'이라는 핵심 정보를 앞에 놓고 진술했기 때문이다. 두괄식으로 말하는 방식은 여러 장점이 있다.

첫째, 면접관이 면접자를 파악하는 시간을 절약해 준다. 결론을 먼저 듣고 지원자에게 궁금한 내용을 추가로 확인만 하면 되기 때문이다.

둘째, 면접자에게도 유리한 방식이다. 극도로 긴장돼 있는 상태인 면접자는 말해야 될 내용을 까먹고 헤맬 수 있기 때문이다. 결론을 중심으로 진술하고 추가로 보태야 할 말만 하게 되니 말이 꼬일 확률이 적으며, 자신감 있게 보인다.

셋째, 면접관도 요목화해서 들을 수 있고 추가질문을 생각하게 된다. 즉, 결론을 맨 나중에 얘기하게 되면 면접관 입장에서는 결론이 나올 때까지 기다려야만 한다. 하지만 결론을 먼저 얘기해 준다면 면접관의 생각을 정리할 시간을 주기 때문에 면접관을 배려하는 방식이 된다.

다시 한 번 정리한다. 두괄식 말하기는 평가자 위주의 말하기 전략이다. 두괄식이야말로 상대 면접관을 배려하는 말하기 전략이다. 평가자 입장에서 지원자가 하고 싶은 말이 뭔지 쉽게 파악할 수 있기 때문이다.

두괄식은 상대(평가자)를 배려하는 말하기 전략이다!!!

02

구체적 말하기

　10분 내외의 짧은 면접 과정에서 추상적 말하기로는 좋은 점수를 기대하기 어렵다. 이는 이미지가 잘 그려지도록 구체적이고 명료하게 말해야 하는 이유다. 예를 들어 '우리 사회가 필요로 하는 것은 훌륭한 시민입니다'라고 말하기보다는 '우리 사회가 필요로 하는 것은 법을 준수하는 시민입니다'라고 해야 면접관이 이해하기 쉽다. '그것은 교육이 나아갈 길이라고 생각합니다'보다는 '그것은 유아교육이 나아갈 길이라고 생각합니다'라고 말해야 면접자의 진술 의도가 잘 그려진다. '그녀는 감기에 걸렸다'라고 말하지 말고 '그녀는 콧물이 나고 열이 난다'라고 구체적으로 표현하는 화법을 몸에 익혀야 한다. 그렇다면 '구체적 말하기' 사례를 예를 들어 살펴보자.

구체적 말하기 예시 **1**

〈수정 전〉
저는 어렸을 때부터 축구를 정말 좋아했습니다. 중3이 된 지금까지도 축구를 정말 사랑합니다. 축구에 대한 열정은 어떤 지원자와 비교해도 뒤지지 않습니다.

〈수정 후〉
저는 축구를 정말 좋아해서 매주 토요일 파주에 있는 축구장에서 오전 9시부터 12시까지 친구들과 축구를 합니다. 축구에 대한 열정은 어떤 지원자와 비교해도 뒤지지 않습니다.

자, 이제 수정 전과 수정 후를 곰곰이 살펴보자. 체대를 지원하는 동일한 학생의 진술 내용이지만, 수정 후가 선발될 확률이 높다. 진술 내용이 생동감 있고 덕후의 느낌이 물씬 나기 때문이다.

구체적 말하기 예시 **2**

〈수정 전〉
저는 좋은 국어 교사가 되고 싶었습니다.

〈수정 후〉
저는 중3 독서 교과서 구성이 산만하다고 느꼈습니다. 국어 교사가 되면 학생들이 이해하기 쉽게 교과서를 새롭게 재구성해 보고 싶습니다.

이 경우도 수정 후가 뽑힐 것이다. 수정 전은 좋은 국어 교사에 관한 설명이 추상적이고 막연하기 때문이다.

구체적 말하기 예시 **3**

〈수정 전〉
중학교 2학년 때 배운 '사회' 과목은 시사상식에 둔감했던 제게 두려움의 대
상이었습니다. 하지만 그 두려움을 극복하는 과정에서 많은 것을 배울 수 있
었습니다.

〈수정 후〉
중학교 2학년 때 배운 '사회' 과목을 공부하면서 토론과 과제탐구 주제들이
시사상식과 관련된 것이 많았습니다. 신문이나 방송을 보는 것에 익숙하지
않았던 저는 처음에는 어려움을 느꼈습니다. 하지만 대체복무와 관련한 위헌
판결 내용에 관한 시사 뉴스가 헌법의 사상의 자유와 연관된다는 점을 이해
하면서 시사에 관심을 갖게 됐습니다.

이 사례 역시 수정 후가 선발될 확률이 높다. 평가자가 알기 쉽게 풀어
서 말했기 때문이다. 구체적으로 말할 때는 표현 의도에 맞는 단어를 선
택해서 명료하게 말해야 한다.

구체적 말하기 예시 **4**

〈수정 전〉
1. 팀프로젝트 주제를 정할 때 친구들은 저와 생각이 전혀 틀렸습니다.
2. 공부하지 않은 부분인데도 정답을 많이 맞췄습니다.

〈수정 후〉
1. 팀프로젝트 주제를 정할 때 친구들은 저와 생각이 전혀 달랐습니다.
2. 공부하지 않은 부분인데도 정답을 많이 맞혔습니다.

이렇듯, 문맥에 맞지 않거나 부정확한 단어를 사용하면 말의 의미가 불분명해지거나 부적절해져서 진술에 대한 전반적인 신뢰도 함께 떨어진다. 맥락에 꼭 맞는 단어를 사용하기 위해서는 풍부한 어휘력이 밑받침돼야 한다. 평소에 사전을 찾아보는 습관을 들이면 도움이 된다. 말을 할 때 자신의 의도에 맞는 단어를 사용하기 위해서는 유의어 사전을 참고하는 것도 좋은 방법이다.

기존 면접이 학생부에 기록된 활동을 확인하는 수준의 면접이었다면 최근 면접은 구체적인 사례를 들어 본인의 역할을 설명해야 하는 역량중심 면접이다. 활동의 결과는 학생부에 다 나와 있다. 결과의 이면, 즉 본인의 역량을 드러내야 한다.

면접 시 추상적이고 막연한 대답 그리고 상투적인 대답은 좋은 평가를 받기 어렵다. 30초 이내로 짧게 말하고 면접장을 벗어나겠다는 생각은 버려야 한다. 면접의 핵심은 질문의 요구사항을 또박또박 모두 말하고 해결하는 데 있다. 주장을 두괄식으로 말해야 하는 건 맞지만 그렇다고 답변을 짧게 하라는 것이 아니다. 한 문항당 답변 시간은 1분 30초 내외가 적당하다. 면접 합격은 첫 질문에 대한 짧고 빠른 답변이 아니라 후속 질문에 대한 명료한 답변에 달려 있다. 앞으로 수없이 뵐 선생님들과 'Small Talk', 즉 수다를 떤다고 긍정적으로 생각하고 면접에 임하자.

구체적 말하기 예시 5

면접관: 우선 지원동기부터 말해 보세요.

지원자: 2학년 때 비행기에 대한 동경으로 물리 동아리에 들어갔습니다. 거기서 에어 사이언스 프로젝트를 진행하며 비행기에 대해 구체적으로 알게 됐습니다. 비행기에 대한 관심은 전투기에 대한 관심으로 이어졌고 성능 좋은 전투기를 만드는 연구원이 돼야겠다는 생각에 지원했습니다.

면접관: 그래요. 에어 사이언스 프로젝트는 뭔가요?

지원자: 풍동 실험 장치를 제작해 모형 비행기를 만드는 겁니다.

면접관: 풍동 실험 장치는 어떻게 만들었나요?

지원자: 관련 서적을 찾고 동영상을 보며 여러 번 시행착오를 겪으며 완성했습니다.

면접관: 좀 더 구체적으로 말해주시구요, 풍동 실험 장치로 진행한 실험은 또 없었나요?

지원자: 풍동 실험은 공기가 흐르는 현상이나 공기의 흐름이 물체에 미치는 힘 또는 흐름 속에 있는 물체의 운동 등을 조사하기 위해 인공적으로 공기가 흐르도록 만든 장치인 풍동을 가지고 하는 실험입니다. 대학 풍동실을 사용하기가 너무 어려워서(시간, 비용) 간단한 송풍기를 물리 선생님의 도움을 받아 만들었습니다. 그리고 양력과 항력의 차이를 풍동 실험 장치를 통해 지나가는 속도에 의해 무게의 변화를 기록하여 풍속의 가감에 의해 하중이 증감하는 모습을 실험했습니다.

구체적으로 그려지게(이메지네이션 Imagination) 대답하자!!!

03

'묘사, 사례' 말하기

　구술 면접에서 '묘사'는 상황을 설명하고 강조하는 유용한 화법이다. 묘사는 대상의 세부적인 정보를 구체적이고 감각적인 표현들을 사용하여 세세하게 그려내며 독자에게 대상을 보여주는 것이다. 설명은 평가자들을 이해하도록 돕지만, 공감이나 경험의 영역이라고 보기는 어렵다. 평가자는 묘사를 통해 대상과 상황을 적극적이고 역동적으로 느끼고 간접체험하게 된다.

묘사해서 말하기 예시

〈수정 전〉
저는 어렸을 때부터 몸이 약해서 병원에 입원했습니다. 그래서 건강의 중요성을 누구보다 잘 알고 있어서 간호학과에 지원했습니다.

〈수정 후〉
저는 어렸을 때부터 몸이 약해서 소아병동에 입원해서 개두술을 한 환자들과 같은 병실에 있었습니다. 그때 체온 유지를 위해 항암모자를 써야 하지만, 벗어버리며 온몸을 떠는 환아를 봤습니다. 그래서 질병치료과정에서 생기는 심리적 불안으로 병이 더 악화되지 않도록 하는 전인적 간호의 중요성을 깨달았습니다.

자, 이제 수정 전과 수정 후를 곰곰이 살펴보자. 면접관 입장에서는 수정 후 내용이 더 매력적으로 들린다. 몸이 약해서 간호학과에 지원하게 됐다는 스토리를 훨씬 더 입체적으로 묘사했기 때문이다.

면접 평가에는 논증을 요구하는 문항이 있기 때문에 주장을 한 후 적합한 논거를 드는 연습을 부단히 해야 한다. 근거는 '-은/-는 ~것 같습니다.'와 같이 추측하는 표현 대신 '-은/-는 ~입니다.'와 같은 확실한 표현을 사용하는 것이 더욱 설득력을 얻는다. '왜냐하면'이라고 근거를 대는 말하기를 자유롭게 구사할 수 있다면 면접 말하기 고수의 길은 멀지 않다. '왜냐하면'의 힘은 상상 그 이상이다.

논거를 세운 후에 사례를 들면 설득력 있는 말하기가 된다. 사례가 없다면 부연 설명, 즉 상술을 하면 된다. 근거가 없는 주장은 높은 점수를 줄수가 없다. 주장은 지원자의 감상과 취향일 뿐이기 때문이다. 평가자는 근거, 즉 논거의 정합성을 따져볼 뿐이다.

사례를 들어 말하기 예시 ❶

☑ **주장**: 저는 워마드의 주장에 반대합니다.
☑ **근거**: 왜냐하면 남성 혐오증을 유발하기 때문입니다.
☑ **사례**: 워마드가 남성 혐오를 확산하는 예를 말씀드리겠습니다.

첫째, 워마드는 한국 남성을 비하하는 '한남충', '재기해', '6센티'라는 용어를 거침없이 사용합니다. 이러한 용어는 불특정 다수의 한국 남성을 혐오하는 내용들입니다.
둘째, 워마드는 공개적으로 '미러링'을 합니다. 미러링은 남성이 여성을 비하하는 것처럼 여성이 남성을 똑같이 비하하고 혐오하겠다는 전략입니다.
셋째, 워마드가 주최하는 집회에서는 남성의 참여를 거부합니다. 이것은 남성이라는 이유만으로 여성과 격리하고 배제하려는 혐오가 전제되어 있기 때문입니다.

입론(立論)할 때 주장과 근거까지만 말하면 말이 짧은 경우가 많다. 면접 질문 한 문항당 답변 시간은 1분 30초 내외가 적당하다. 따라서 '주장 - 근거 - 사례' 기법으로 말하면 논리적 구성력이 탄탄하고 길게 말할 수 있다. 근거와 사례를 추가할수록 더 길게 말할 수 있는 매우 유용한 면접 화법이 된다.

사례를 들어 말하기 예시 **2**

☑ **주장:** 저는 워마드의 주장에 반대합니다.

☑ **근거:** 왜냐하면, 남성 혐오증을 유발하기 때문입니다.

☑ **사례:** 워마드가 남성 혐오를 확산하는 예를 말씀드리겠습니다.

첫째, 워마드는 한국 남성을 비하하는 '한남충', '재기해', '6센티'라는 용어를 거침없이 사용합니다. 이러한 용어는 불특정 다수의 한국 남성을 혐오하는 내용들입니다.

둘째, 워마드는 공개적으로 '미러링'을 합니다. 미러링은 남성이 여성을 비하하는 것처럼 여성이 남성을 똑같이 비하하고 혐오하겠다는 전략입니다.

셋째, 워마드가 주최하는 집회에서는 남성의 참여를 거부합니다. 이것은 남성이라는 이유만으로 여성과 격리하고 배제하려는 혐오가 전제되어 있기 때문입니다.

☑ **주장:** 이처럼 남성 비하 용어를 사용하고 미러링으로 남성을 공격적으로 대하면서 남성과의 연대를 거부하는 워마드는 우리 사회에 혐오 문화를 확산하기 때문에 저는 워마드의 주장에 반대합니다.

‘주장 - 근거 - 사례’의 끝에 주장을 반복해서 강조하는 ‘주장 - 근거 - 사례 - 주장’ 방식은 좀 더 길게 말할 수 있으며, 수미상관(首尾相關)의 효과를 톡톡히 누릴 수 있다. 핵심 요지를 문두와 문미에 놓기 때문에 양괄식 구조로도 볼 수 있다. 핵심 메시지를 끝에 다시 한 번 강조하기 때문에 매우 간단하지만, 논리적이고 설득력이 매우 높은 말하기 방식이다.

묘사하고, 사례를 들어 입체적으로 대답하자!!!

04

'비교, 대조' 말하기

  '비교'와 '대조'는 둘 이상의 대상 사이에 존재하는 공통점과 차이점을 중심으로 설명하는 말하기 방식이다. 비교는 공통점을 대조는 차이점을 다룬다. 비교와 대조는 한 사물의 특성을 부각하기 위해 사물들을 견주어 보는 점에서는 공통점이 있다. 구술 면접에서 '비교'와 '대조'는 말하고자 하는 내용을 강조하는 유용한 화법이다. 면접관 입장에서 면접자가 답변을 공통점과 차이점으로 구조화해서 말해준다면, 명료하게 이해하기가 훨씬 쉽기 때문이다.

'비교, 대조'해서 말하기 예시 **1**

질문: 메르스와 코로나19의 공통점과 차이점을 말해보세요.

답변: 메르스, 코로나19는 모두 코로나 바이러스가 원인입니다. 코로나 바이러스는 흔히 나타나는 감기 바이러스 중 하나인데, 일반 감기와는 달리 변이가 잘 되어 변종이 쉽게 나타날 수 있다는 위험이 있습니다. 또한, 이 바이러스는 호흡기로 전파가 되어 기침, 발열, 근육통, 호흡곤란 등의 주요 증상들을 일으킵니다.

반면, 코로나19 경우 메르스와는 차이가 있습니다. 치사율은 코로나19가 메르스보다 낮지만 전염되는 전파력이 훨씬 높습니다. 왜냐하면, 메르스는 치사율이 높아서 숙주가 일찍 죽기 때문에 전파력이 낮지만, 코로나19는 치사율이 메르스보다 상대적으로 낮아서 숙주가 일찍 죽지 않기 때문에 전파력이 높을 수밖에 없습니다.

자, 이제 '비교, 대조'해서 말하기 장점을 곰곰이 살펴보자. 면접관 입장에서는 메르스와 코로나19를 전파율과 치사율로 비교, 대조해서 설명해준다면, 면접자의 명료한 설명 방식에 큰 매력을 느낄 수밖에 없다. 헷갈리기 쉬운 개념을 명쾌하게 설명하기 때문이다.

'비교, 대조'해서 말하기 예시 **2**

질문: 김소월과 예이츠의 시 세계를 비교했다고 하는데, 이 두 시인의 작품의 공통점을 말해보세요.

답변: 저는 김소월과 예이츠의 시 세계를 비교함으로써 문학 작품 속 언어에 관한 이해를 넓혀 나가려 노력했습니다. '진달래꽃'과 '하늘의 천'의 화

자 모두 자신이 소중하게 여기는 것을 연인이 '사뿐히 즈려밟고 가기'를 소망한다는 공통점이 있습니다.

'비교, 대조'해서 말하기 예시 3

질문: 사람의 눈과 사진기의 공통점을 말해보세요.

답변: 사진을 찍을 때, 빛은 렌즈를 통과하여 필름에 가서 상이 맺히게 됩니다. 사람이 어떤 사물을 볼 때에도 빛은 수정체를 지나 망막에 가서 상을 만듭니다. 사진기의 조리개는 눈의 홍채에, 어둠상자는 맥락막에 해당합니다. 눈의 전면(前面)을 보호해 주는 각막은 마치 사진기 렌즈를 보호해 주는 코팅막과도 같습니다. 이처럼 사람의 눈의 구조는 사진기의 구조와 매우 흡사합니다.

'비교, 대조'해서 말하기 예시 4

질문: DNA와 RNA의 공통점과 차이점을 말해보세요.

답변: DNA와 RNA는 핵산의 한 종류로, 인산, 당, 염기가 1:1:1로 구성된 뉴클레오타이드를 기본단위로 합니다. 염기의 A, G, C는 공통이며, DNA는 T, RNA는 U를 갖습니다. 당으로 DNA는 5탄당 디옥시리보스, RNA는 5탄당 리보스로 구성됩니다. RNA는 뉴클레오타이드가 연속으로 결합된 폴리뉴클레오타이드 1가닥으로 이루어진 단일가닥 구조이며, DNA는 2가닥의 폴리뉴클레오타이드로 이루어진 이중나선 구조입니다. 이중나선으로 이루어진 DNA가 RNA보다 화학구조상 더 안정적입니다. 역할은 DNA는 유전정보의 본체이며, RNA는 일반적으로 유전정보의 전달 및 단백질 합성에 관여합니다.

'비교, 대조'해서 말하기 예시 5

질문: 인공지능(AI) 개발의 긍정적인 면과 부정적인 면을 비교해서 말해보세요.

답변: 인류의 당면 문제를 해결하는 데 기여하며, 인간 생활에 편리와 도움을 주는 긍정적인 면이 있습니다. 반면, 인간의 통제를 벗어나 인간에게 해를 끼칠 수 있으며, 인공지능 의존도가 높아져 인간의 능력이 도태되거나 인간성을 상실할 위험이 있다는 부정적인 면이 있습니다.

'비교, 대조'해서 말하기 예시 6

질문: 왜 굳이 소아병동 간호사가 되고 싶은지 말해보세요.

답변: 일반병동 간호사와는 다르게 소아병동 간호사는 아이들의 성장발달 과정을 고려해서 간호를 해야 하며, 아이들의 사고라든지 육체적인 움직임이 다른 아이들보다 뒤쳐지지 않게 성장발달을 지속적으로 촉진시켜야 하기 때문입니다.

자, 이제 '대조'해서 말하기 장점을 살펴보자. 면접관 입장에서는 일반 변동 간호사와 소아병동 간호사의 역할을 대조해서 말하면, 면접자의 지원동기를 확실히 파악할 수 있다.

'비교, 대조'해서 말하기 예시 7

질문: 동화주의와 다문화주의 차이점을 말해보세요.

답변: 동화주의는 이주민의 문화와 같은 소수 문화를 주류 문화에 적응시키고 통합하려는 입장입니다. 반면, 다문화주의는 이주민의 고유한 문화와 자율성을 존중하여 문화 다양성을 실현하려는 입장입니다.

'비교, 대조'해서 말하기 예시 8

질문: 고려와 조선의 불교와 유교에 관한 정책의 차이점을 말해보세요.

답변: 고려는 태조 이래 줄곧 숭불 정책을 지향한 데 반해, 조선은 억불 숭유 정책을 유지했습니다.

'비교, 대조'해서 말하기 예시 9

질문: 영화와 연극의 차이점을 말해보세요.

답변: 작가의 서술이나 묘사를 중심으로 전개되는 소설에 비해 영화와 연극은 둘 다 인물의 행동을 중심으로 이야기를 전개해 나갑니다. 차이로는 영화는 제작할 때와 재현할 때 기계의 비중이 크고, 연극은 일부 소품이나 무대장치를 제외하면 철저하게 사람의 비중이 큰 예술이라는 점입니다. 영화는 작품에 들어갈 공간을 찾아 이동할 수 있고, 장면을 만들기 위해 많은 시간을 들일 수도 있지만, 연극은 정해진 무대에서 시간 안에 끝내야 한다는 제약이 있습니다. 영화는 시각적 예술로 감독이 촬영한 장면을 편집하여 흘러가는 이미지로 주제를 전달합니다. 연극은 말의 예술로 배우들이 주고받는 대사를 통해 주제를 전달합니다. 영화는 시각적 이미지를 조율하는 감독의 역량이 크게 작용하는 예술이며, 연극은 무대 위에서 연기하는 배우들의 역량이 크게 작용하는 예술입니다. 그래서 영화를 감독의 예술, 연극을 배우의 예술이라고도 합니다.

공통점과 차이점을 명료하게 대답하자!!!

05

'구분, 분류' 말하기

    '구분'은 대상을 상위개념에서 하위개념으로 나누어 설명하는 것을 말한다. 학교는 대학교, 고등학교, 중학교, 초등학교로 구분할 수 있다. 반면, '분류'는 대상을 하위개념에서 상위개념으로 묶어 설명하는 것을 말한다. 사과, 포도는 과일로, 상추, 배추는 채소로 분류할 수 있다. 면접에서는 특히 설명하고자 하는 내용을 첫째, 둘째, 셋째 식으로 잘 묶고 나누어서 답변하면, 면접관은 면접자의 답변을 명료하게 이해할 수 있으며, 논리적으로 보인다. 자, 이제부터 첫째, 둘째, 셋째로 말해보자. 평가자는 명징하게 정리된 느낌이 들 것이며, 기억에 오래 남는다.

'구분, 분류'해서 말하기 예시 **1**

질문: 수학교육학과에 지원하게 된 동기를 말해보세요.

답변: 제가 수학교육과에 지원하게 된 동기는 첫 번째는 수학을 가르치는 방법에 대해서 배우고 싶었기 때문입니다. 저는 같은 수학 개념을 배운다고 하더라도 그것을 단순히 학문적으로 접근하여 배우는 것과 학생에게 가르친다는 관점으로 접근하여 배우는 것은 다르다고 생각합니다. 따라서 수학을 학생들에게 가르친다는 관점에서 전문적으로 배우고 싶어서 수학교육과에 지원했습니다.

두 번째는 학생들이 수학에 친근하게 접근할 수 있도록 도움을 주고 싶었기 때문입니다. 수학에 거부감을 느끼는 학생들이 정말 많은데 저는 그런 학생들에게 수학을 재미있게 가르쳐줌으로써 수학을 즐겁게 느낄 수 있도록 도와주고 싶습니다.

세 번째는 학생들에게 수학의 유용성에 대해 알려주고 싶기 때문입니다. 저는 수학을 왜 배워야 하는지 모르는 학생들에게 수학은 단순한 학문이 아닌 일상생활에서 적용이 된다는 것과 다양한 분야와 연결되어 이용된다는 것을 알려줘 수학의 필요성을 느끼게 해주고 싶습니다.

'구분, 분류'해서 말하기 예시 **2**

질문: 수학교사의 역량을 말해보세요.

답변: 제가 생각하는 수학교사 역량의 첫 번째는 학습 내용과 관련된 수학적 개념 및 내용에 대해 정확한 지식을 가지고 있는 것입니다.

두 번째는 학생들에게 수학에 대한 흥미를 이끌어 내는 능력입니다. 학생 중에는 수학을 어렵게 느끼고 거부감을 느끼는 학생들이 많기 때문에 그러한 학생에게 수학을 가르치기 위해서는 단순히 잘 가르치는 것보다도 먼저 수학에 대한 흥미를 갖게 하는 것이 중요하다고 생각하기 때문입니다.

세 번째는 학습 내용을 타 교과목의 학습 주제와 연결하여 설명할 수 있는 능력입니다. 단순히 수학만을 가르치고 문제 풀이를 시키는 것보다는 다른 과목과 연결시켜 설명해주는 것이 학생의 창의성을 길러주거나 흥미를 이끌어내는 데 도움이 될 것이라 생각해서입니다.

질문: 3학년 동아리활동 시간에 재난간호에 관해서 조사해 발표했다고 학생부에 기재돼 있습니다. 재난의 정의에 관해 구체적으로 설명해보세요.

답변: 재난에는 사회재난과 자연재난이 있습니다. 첫째, 자연재난은 자연현상으로 인해 발생하는 재해로 폭염, 지진, 조류대발생 등이 있습니다. 둘째, 사회재난은 감염병의 예방 및 관리에 관한 법률에 따른 감염병 등으로 인한 피해를 통합한 재난으로 가스폭발, 선박사고 등이 있습니다.

'구분, 분류'해서 말하기 예시 3

질문: 화상의 잘못된 상식에 대해서 바로잡아주기 위해 보건신문을 제작해서 학급에 게시했네요. 화상의 증상이 어떻게 분류되는지 설명해보세요.

답변: 화상은 깊이에 따라 정도와 증상이 다릅니다. 1도~4도 화상으로 나눌 수 있는데요. 강한 태양 광선을 쪼이거나 뜨거운 액체에 순간적으로 접촉했을 때 발생하는 1도 화상, 피하조직 부종을 동반하는 2도 화상, 표피, 진피층을 넘어 피하조직까지 손상을 받는 3도 화상, 피부의 전층과 함께 골조직, 근육, 신경까지 손상을 받는 4도 화상으로 구분할 수 있습니다.

'구분, 분류'해서 말하기 예시 ④

질문: '생활과 과학' 시간에 질병 진단 방법과 진단 기기에 관해서 관심이 많다고 학생부에 기재돼 있습니다. 진단 기기에 관해서 자세히 설명해보세요.

답변: 물리학적 진단 방법을 위한 기기를 설명드리겠습니다. 물리학적 진단 기기는 MRI, CT, PET가 있습니다. 첫째, MRI는 자기공명 영상장치로 자기장 속에서 고주파를 쏘아 조직의 단면을 영상으로 촬영합니다. 둘째, CT는 컴퓨터 단층 촬영으로 X선을 쏘아 얻어 생긴 조직의 단면을 촬영합니다. 셋째, PET는 양전자방출 단층 촬영으로, 방사성 원소를 몸에 넣어 영상으로 나타내는 기술입니다.

'구분, 분류'해서 말하기 예시 ⑤

질문: '생활과 윤리' 시간에 수행평가로 제출한 공리주의 보고서가 우수하다고 학생부에 기재돼 있습니다. 공리주의의 장점을 자세히 설명해보세요.

답변: 공리주의의 첫 번째 장점은 모든 경우에 적용될 수 있는 단 하나의 행위를 인도하는 원리를 가지고 있다는 점입니다. 두 번째 장점은 "인간의 행복을 증진하고 고통을 완하시켜라."라는 하나의 핵심적인 원리를 가지고 있습니다. 세 번째 장점은 공리주의가 미래 세대의 일반적 행복을 극대화하라는 최고의 의무를 가진다는 점입니다.

이렇듯, 설명하고자 하는 내용을 요목화해서 묶고 나누어서 설명하는 방식은 면접에서 매우 유용한 화법이다. 핵심 내용을 한 눈에 파악할 수 있도록 범주화해주기 때문이다. 즉, '구분', '분류'하는 화법은 설명하기 어려운 개념도 마인드맵(Mind Map)처럼 중심토픽에서 하위토픽으로 구조화해서 논리적으로 설명할 수 있다.

첫째, 둘째, 셋째로 대답하자!!!

06

'찬·반 토론형' 말하기

　면접에는 시사이슈나 지원전공 지식 등에 관해 찬성과 반대를 묻는 유형이 있다. 어찌 보면, 면접관과 면접자 사이의 시소게임과 같은 토론 과정으로도 볼 수 있다. 우선 개념 정리부터 하면, '토론(討論)'은 '토의(討議)[1]'와는 달리 어떤 문제에 대해 각각 의견을 말하며 논의하는 것으로 서로 다른 주장을 가지고 있는 사람들이 자기의 주장을 펼쳐 상대방을 설득하는 것이 목적이다. 찬반 토론형 면접 유형 과정은 '입론(立論)[2]', '예상 반

1　어떤 문제에 대해 검토하고 협의하는 것으로 여러 의견을 견주어 보고 가장 좋은 해결책을 찾아가는 협동적인 의사소통

2　토론 주제에 대한 찬성 또는 반대하는 논거를 '서론-본론-결론'의 형식에 맞춰 발언하는 것

론(反論)[3], '예상 반론에 관한 재반론'의 논증 형태이므로 말하기 연습을
부단히 해야 한다. 논증이란, 자신의 주장을 근거를 들어 말하는 것이다.
찬·반 토론은 주장 대신 근거의 정합성을 평가한다. 마찬가지로 반론도
주장이 아닌 근거를 반박해야 한다. 다음 예시로 소개한 토론 논제를 통
해 자신의 입장을 정리해보자.

▣ **질문: 배아 복제 허용에 관한 찬성과 반대 입장 중 자신의 입장을 설명해보세요.**

구 분	찬성 입장	반대 입장
근거 (논거, 전제)	배아 줄기세포를 이용해 난치병 및 불치병을 치료할 수 있고, 이식용 장기를 대량 생산해 현재 이식용 장기 수급의 극심한 불균형을 완화할 수 있기 때문에 배아 복제를 허용해야 합니다.	치료용 배아 복제를 허용하면 이에 관한 기술이 점점 완벽해지면서 인간 복제의 가능성이 높아질 수 있습니다. 또한 인간이 될 잠재성을 가지고 있는 배아는 인간으로서의 지위를 가지고 있기 때문에 배아 복제를 허용해서는 안 됩니다.
구 분	찬성 입장에 관한 추가질문 (예상 반론 질문)	반대 입장에 관한 추가 질문 (예상 반론 질문)
근거 (논거, 전제)	배아 역시 인간과 같은 존재이기 때문에 배아는 복제의 대상이 되어서는 안됩니다.	배아는 완전한 인간이 아니기 때문에 복제의 대상이 될 수 있습니다.
구 분	추가질문에 관한 재반박 (예상 반론에 관한 재반론)	추가질문에 관한 재반박 (예상 반론에 관한 재반론)
근거 (논거, 전제)	배아는 아직 완전한 인간이 아니며, 배아의 줄기세포를 활용해 난치병 치료를 할 수 있습니다.	배아는 성인과 동일한 상태는 아니지만 완전한 인간이 될 수 있는 가능성을 가진 존재이기 때문에 배아도 인간으로서 존중받아야 합니다. 배아는 초기 인간 생명입니다. 또한 많은 수의 난자 사용은 여성의 건강권과 인권 훼손의 우려가 있습니다.

---

3 찬성과 반대 양 측의 입론에서 제시된 논거에 대해 반박하는 발언

■ 질문: 소수 집단 우대 정책에 관한 찬성과 반대 입장 중 자신의 입장을 설명해보세요.

구 분	찬성 입장	반대 입장
근거 (논거, 전제)	학생의 인종 민족, 경제 배경을 고려해 시험 점수를 평가하는 것은 학업 성취 가능성의 측면에서 합리적이기 때문에 소수 집단 우대 정책은 정당합니다. 과거의 차별 때문에 고통받아 온 사회적 약자는 그 고통에 관해 보상을 받을 권리가 있습니다.	사회적 소수자에게 가산점을 주는 소수 집단 우대 정책은 부당하고 차별적인 정책입니다. 다른 집단에 대한 또 다른 차별이 발생할 수 있기 때문입니다.
구 분	**찬성 입장에 관한 추가질문 (예상 반론 질문)**	**반대 입장에 관한 추가 질문 (예상 반론 질문)**
근거 (논거, 전제)	다른 집단에 대한 또 다른 차별로 이어질 수 있습니다. 소수자에게 유리한 기회를 주는 것은 업적주의에도 위배됩니다. 또한, 과거 차별에 잘못이 없는 현세대에게 보상의 책임을 지우는 것은 부당합니다.	과거의 차별 때문에 고통받아 온 사회적 약자에게 그 고통에 관해 보상받을 권리를 보장하는 것은 정당합니다. 소수자에게 기회를 부여하는 것은 사회 전체의 평화와 행복 그리고 다양성을 증진할 수 있습니다.
구 분	**추가질문에 관한 재반박 (예상 반론에 관한 재반론)**	**추가질문에 관한 재반박 (예상 반론에 관한 재반론)**
근거 (논거, 전제)	장기적으로 볼 때 소수 집단 우대 정책은 사회적 긴장을 완화하고 사회 전체의 평화와 행복 그리고 다양성을 증진할 수 있습니다.	보상받은 사람이 애초의 피해자가 아닐 수 있으며, 보상하는 사람에게 과거의 잘못을 바로잡을 책임이 없는 경우도 많습니다.

■ 질문: 사형제에 관한 찬성과 반대 입장 중 자신의 입장을 설명해보세요.

구 분	찬성 입장	반대 입장
근거 (논거, 전제)	피해자의 생명을 앗아간 범죄자의 생명권을 제한해야 합니다. 사형제는 예방 효과가 있기 때문입니다.	아무리 흉악한 범죄자라도 생명권은 보장받아야 합니다. 사형제는 예방 효과가 없습니다.

구 분	찬성 입장에 관한 추가질문 (예상 반론 질문)	반대 입장에 관한 추가 질문 (예상 반론 질문)
근거 (논거, 전제)	사형제는 생명권을 부정하는 행위이며, 범죄 통계를 보면 사형제의 범죄 예방 효과는 없습니다.	피해자의 생명권을 제한하는 것은 당연한 일입니다. 사형제는 응보주의 관점에서 타당한 제도입니다.

구 분	추가질문에 관한 재반박 (예상 반론에 관한 재반론)	추가질문에 관한 재반박 (예상 반론에 관한 재반론)
근거 (논거, 전제)	사형제는 국민의 일반적 법 감정과 일치하며, 사회적 정의의 실현에 기여합니다.	사형제는 교화의 가능성 부정과 오판의 가능성이 있습니다. 정적을 제거할 수 있는 수단으로 악용될 수도 있습니다.

■ 질문: 동물 실험에 관한 찬성과 반대 입장 중 자신의 입장을 설명해보세요.

구 분	찬성 입장	반대 입장
근거 (논거, 전제)	동물은 근본적으로 인간과 다른 열등한 존재이므로 인간을 위해 동물을 이용할 수 있으며, 인간과 동물은 생물학적으로 유사하므로 동물 실험의 결과가 안전하면 인간에게 적용할 수 있습니다.	인간의 이익을 위해 동물 종에게 고통을 가하는 것은 옳지 않으며, 인간과 동물은 생물학적으로 긴밀한 유사성을 가지지 않아서 동물 실험의 결과를 그대로 인간에게 적용해서는 안 됩니다.

구 분	찬성 입장에 관한 추가질문 (예상 반론 질문)	반대 입장에 관한 추가 질문 (예상 반론 질문)
근거 (논거, 전제)	인간과 동물은 존재 지위에 별 차이가 없습니다. 동물도 생명으로 고통을 피할 권리가 있습니다. 생물학적으로도 유사하지 않아서 동물 실험의 결과가 반드시 안전하지는 않습니다. 또한, 과학기술의 발전으로 동물실험을 대체할 실험이 개발되고 있습니다. 사람의 피부 조직을 이용한 제품, 인공 세포나 인공 피부로 동물을 본 뜬 모델링의 대체 방법, 인공 각막 배양	인간과 동물은 존재 지위가 다르며, 생물학적으로 유사하기 때문에 동물 실험의 결과도 안전합니다. 또한, 과학기술의 발전으로 컴퓨터 기술이나 인공조직을 만들면 동물을 대체할 수 있을 거라고 생각하지만, 그건 어디까지나 인공일 뿐 인공으로 실험을 하면 부작용을 정확하게 인지할 수가 없습니다. 컴퓨터는 수치에 대한 계산이 가능할 뿐이여 살아 움직이

근거 (논거, 전제)	세포 대체 실험, 인공 배양피부 대체 실험, 사체 연구 등 꼭 살아 있는 동물이 아니어도 필요한 정보를 얻는 것은 충분합니다.	는 대사 반응에서 나올 엄청난 경우의 수를 생각하며 실험할 수가 없기 때문입니다.
구 분	추가질문에 관한 재반박 (예상 반론에 관한 재반론)	추가질문에 관한 재반박 (예상 반론에 관한 재반론)
근거 (논거, 전제)	동물도 생명이라면 식용으로 쓰이는 동물에 대해서도 똑같은 논리를 적용해야 합니다. 이미 동물 실험을 통한 좋은 결과물들이 나왔습니다. 덕분에 오늘날의 많은 질병들을 고칠 수 있었으며, 예방을 할 수도 있고 앞으로 더 많은 질병을 고쳐 인류의 생명을 보존하고 살릴 수 있습니다. 예를 들어, 암과 결핵, 소아마비, 에이즈 등 연구가 필요한 질병 같은 경우 동물 실험을 통해 치명적인 부작용을 미리 알아내 문제를 해결할 수 있어 백신과 치료제를 빠르고 효율적으로 제작할 수 있습니다. 그리고 과학기술의 발전으로 컴퓨터 기술이나 인공조직을 만들면 동물을 대체할 수 있을 거라고 생각하지만, 그건 어디까지나 인공일 뿐 인공으로 실험을 하면 부작용을 정확하게 인지할 수가 없습니다. 컴퓨터는 수치에 대한 계산이 가능할 뿐이여 살아 움직이는 대사 반응에서 나올 엄청난 경우의 수를 생각하며 실험할 수가 없기 때문입니다.	인간을 위해서 동물을 희생시키는 것은 동물권 침해입니다. 동물 실험은 비윤리적이며 생명의 존엄성을 해칩니다. 또한, 동물 실험으로 안전이 확인됐다고 해서 인간에게도 똑같이 안전하다는 보장은 없습니다. 인간은 동물과 유전자 구조가 다르기 때문에 병이 발행하는 과정 및 증상 그리고 치료방법도 다른 경우가 많기 때문입니다. 동물과 인간에게 공통되는 질병은 겨우 350가지 정도로 겨우 1.16%에 불과합니다. 그리고 과학기술의 발전으로 동물실험을 대체할 실험이 개발되고 있습니다. 사람의 피부 조직을 이용한 제품, 인공 세포나 인공 피부로 동물을 본 뜬 모델링의 대체 방법, 인공 각막 배양세포 대체 실험, 인공 배양피부 대체 실험, 사체 연구 등 꼭 살아 있는 동물이 아니어도 필요한 정보를 얻는 것은 충분합니다.

'입론–예상 반론–예상 반론에 관한 재반론'으로 대답하자!!!

07

'딜레마 이슈' 말하기

'우산 장수와 짚신 장수'라는 이야기가 있다. 옛날에 두 아들을 둔 어머니가 있었다. 한 아들은 우산 장수이고, 다른 아들은 짚신 장수였다. 어머니는 날마다 가시방석이었다. 해가 쨍쨍한 날에는 우산이 팔리지 않아 걱정이고, 비가 오는 날에는 짚신이 팔리지 않아 걱정이었기 때문이다.

이런 '딜레마적 상황' 판단을 묻는 문제가 면접에서는 시사 이슈 형태로 자주 출제된다. 지원자의 지식, 논증, 요약, 발표력, 합리적 의사결정 역량을 평가하는 데 유용하기 때문이다.

시사 이슈는 '일반 이슈'와 '딜레마 이슈'로 나눌 수 있다. '미세 플라스틱' 이슈처럼 정답이 있는 이슈를 '일반 이슈'라고 부른다. 미세 플라스틱은 환경오염을 유발하므로 찬·반이 있을 수 없는 이슈다. 반면, '원자력 발전소 건설' 이슈처럼 딜레마가 충돌하는 경우를 '딜레마 이슈'라고 한다. 예를 들어, 유명가수나 운동선수의 병역면제 논쟁은 '국위 선양'과 '공정성' 가치가 충돌하는 대표적 딜레마 이슈다. 마찬가지로 양심적 병역거부 논쟁은 '양심의 자유'와 '병역 의무', 워마드·일베 논쟁은 '표현의 자유'와 '사이버 폭력', 제주도 난민 수용 논쟁은 '국제사회 의무'와 '자국민 우선', 님비 현상은 '공동체주의'와 '개인주의' 찬반이 팽팽히 맞서는 딜레마 이슈다.

그리고 딜레마 이슈를 볼 때는 '선입관·직관'의 노예가 돼서는 안 된다. '보이는 게 전부가 아니며, 믿고 있는 게 모두 진실은 아니다'라고 삐딱하게 생각해보자. 다음의 서울대 일반전형 면접 문제를 살펴보자.

'백신 접종을 직장 출근의 조건으로 의무화하는 정부의 정책'에 대해 찬성 혹은 반대의 견해를 밝히고 그 이유를 설명하시오.

'공동체주의'와 '개인주의'라는 두 가치가 충돌하는 딜레마 이슈다. 자유로운 개인의 선택과 정부의 개입에 대한 자신의 찬·반 논거를 적절히 들어서 설명하면 된다.

즉, 개인의 선택이 항상 최선의 결과를 가져오는 것은 아니므로 개인의 선택에 제약을 가하는 정부의 정책적 개입을 정당화할 수도 있다. 반면, 정부의 관료주의, 정책의 의도치 않은 부작용을 지적하여 정부 개입에 대해 반대하는 입장을 밝힐 수 있다. 이 시사 이슈는 직장인 대상 백신 접종

의무화라는 정부의 개입이 부당하다고 답변하는 경우는 소수 의견이고, 국민의 건강권을 우선시하는 정부를 지지하는 의견이 많은 편이다.

물론 면접에서는 자신의 견해를 논리적으로 전개하는 능력을 평가하지만, 내신이 부족하다면 소수 의견을 편들기를 권한다. 모두가 Yes 할 때 No, 모두가 No 할 때 Yes 라고 말하는 면접자가 눈에 띄게 마련이다.

'천사가 되느니, 차라리 악마가 되라'는 메피스토 법칙처럼 사고를 역전해보자.

소수 의견을 편들어 대답하자!!!

☑ 딜레마 이슈

인간의 자유의지 vs 신의 섭리, 사형제(피의자 인권 vs 피해자 인권), 안락사/존엄사(죽음에 대한 자기 결정권/죽을 권리 vs 생명존중), 낙태(여성의 자기 결정권 vs 태아의 생명권), 님비/핌피현상(공동체주의 vs 개인주의), 반려동물 장례식장/화장장/혐오시설(공동체주의 vs 개인주의), 양심적 병역 거부(양심의 자유 vs 병역의무), 아시안 게임 병역면제·BTS 병역특례(국위선양 vs 공정성/형평성), 워마드·일베(표현의 자유 vs 사이버 폭력), 인터넷 실명제(표현의 자유/통제만능주의 vs 사이버 폭력/익명성의 폐해), 페미니즘(여성 인권 vs 남성 혐오), 제주도 예멘 난민(국제사회 의무 vs 자국민 우선), 두발·복장 자율화(학생인권/표현의 자유 vs 학교자율성/교육의 가치성), 착한 사마리아인의 법(법 vs 도덕), 청년 실업 문제(사회 구조적 문제 vs 개인 눈높이 문제), 특목고 폐지(엘리트 교육 vs 대중 교육),

유전자변형생물 GMO(품종 개량/기아 해결 vs 인체 유해성), 배아 복제(질병 치료 vs 인간 존엄성), 동물 장기 이식/동물 실험(질병 치료 vs 동물 윤리/종 차별주의), 동물원(희귀동물 보존 vs 동물 윤리), 원자력 발전소(에너지 효율/편리성 vs 원전사고/원자력 폐기물/안전성), 간통죄(국가의 과도한 사생활 침해 vs 일부일처제 혼인제도 유지), 유치원/어린이집 CCTV 설치(부모의 알 권리 vs 교사의 인권), 사회적 기업(이윤 창출 vs 사회 기여), DNA 법(미제 범죄 해결 vs 인권 침해), 젠트리피케이션(둥지 내몰림)(도시 활성화 vs 지역경제 파괴), 전시작전통제권(명분 vs 실리), 퀴어 축제/성적 소수자(다양성 vs 보편성), 상속세(부의 세습 방지 vs 경제 성장), 공정무역(무역을 통한 빈곤 문제 해결 vs 공급의 증가로 가격 상승), 정부(케인즈) vs 시장(하이에크), 세계화(부의 증진 vs 경제 종속화), 보호무역주의 vs 자유무역주의, 자유 vs 평등, 성장 vs 분배, 효율성 vs 형평성, 모더니즘 vs 포스트모더니즘, 경험론 vs 합리론, 목적 vs 수단, 과정 vs 결과, 이기성 vs 이타성, 성선설 vs 성악설, 본성(유전) vs 양육(환경), 빠름 vs 느림, 개발 vs 환경, 문화 보편성 vs 문화 상대성, 절대주의 vs 상대주의, 다문화주의 vs 동화주의, 인위 vs 무위, 개인 vs 국가(사회)/집단, Copyleft(정보공유) vs Copyright(정보보호), 영어공용화(경제 성장/모국어의 선택권 vs 경제성장 무관론/모국어의 중요성), 체벌(교육의 한 방법 vs 인간의 존엄성), 교장 공모제(변화 vs 안정), 최저임금(임금격차 감소/소득 불평등 완화 vs 노동수요 감소/생산 비용 증가), 기본소득제(소득재분배/경제불평등,빈부격차 완화/경제 활성화/조세저항 완화 vs 막대한 재원·국가재정 악화/세금 인상/노동의욕 저하/사회생산성 저하), 무상급식·무상교육(보편적 복지 vs 선택적 복지), 지역화폐 지원 범위 논란·재난지원금 지원 범위 논란(보편주의/보편적 복지 vs 선별주의/선별적 복지, 내수 시장 활성화/경제 부양책 vs 기본 소득 포퓰리즘), 피의자 공개 소환 폐지(국민의 알 권리 vs 인권 침해), 코로나19 확진자 동선 추적 조사(국민의 알 권리/감염병 확산 방지 효과/선제 대응 vs 인권 침해/사생활 침해), 디지털 교도소(국민 알 권리/성범죄 경종 vs 사적 제재/인권 침해/ 무고한 피해자), 의사고시 거부 의대생 구제 논란(잘못된 정책 추진/정부에 의해 강요된 선택 vs 집단이기주의/특혜·특례), 백신 접종 거부(개인의 선택 vs 국민 안전), 케이블카 설치(지역경제 활성화 vs 환경 훼손), 분배적 적의 롤스 vs 로직, 촉법소년 나이 인상 논쟁/소년범의 증가와 소년법 폐지 논란/만 19세 미만 소년 범죄 처벌 강화해야 하나(법의 형평성 vs 처벌만능주의), 장기기증의 옵트인(OPT-IN) vs 옵트아웃(OPT-OUT), 동물실험의 의학기술 발전 vs 생명윤리, 수술실 CCTV 설치의 의사의 인권 vs 환자의 알 권리

08

'NB(Not~Because)'보다는 'YB(Yes~But~)'로 대답하자

집요하게 약점을 파고드는 압박면접에는 일단 평가자의 말을 긍정하고, 자신의 주장을 펼치는 'YB 화법'(Yes~ But~)이 유용하다. 하지만 모의면접을 하다보면 학생들은 부정적인 'NB 화법'(No~ Because~)을 주로 사용한다. 예를 들어 평가자가 "과학 성적이 좋지 않네요?"라고 질문 했다면, "네, 제가 과학 성적이 부족한 게 사실입니다."라고 인정한 뒤, "하지만 소규모 학교라 학생수가 적어서 상위 학점을 받는 게 어려웠습니다."라고 대답을 하면 좋다. 평가자에게 거부감을 주지 않고 '노'(No)라고 말할 수 있는 세련된 화법이다. 인정할 건 인정하자.

[NB 답변 예시]

면접관: 화학공학과를 지원했는데 화학 성적이 좋지 않네요?

지원자: 아닙니다. 성적이 낮은 편은 아닙니다. 왜냐하면 저희 고등학교 자연계 화학 선택 인원이 워낙 적었기 때문입니다.

[YB 답변 예시]

면접관: 화학공학과를 지원했는데 화학 성적이 좋지 않네요?

지원자: 네. 제가 화학 성적이 부족한 게 사실입니다. 하지만 학교 화학 II 선택반이 한 반뿐이라 상위권 등급을 받는 게 어려웠습니다. 대학 합격 후에는 화학 II 공부를 다시 시작할 계획입니다. 수능에서 화학 II를 선택 안 해서 듣지 못한 EBS 수업도 듣고 연계 교재도 풀어보려고 합니다.

'YB 화법'(Yes~ But~)으로 대답하자!!!

09
나열 병렬형 대답은 중요도 순으로 대답하자

'나열 병렬형' 대답이 필요할 때는 가장 중요한 답을 먼저 말하는 게 좋다. 예를 들어 지원한 동기를 첫째..., 둘째..., 셋째... 순으로 말하고, 가장 중요한 내용을 첫째에 대답해야 평가자가 임팩트 있게 기억한다. 인간은 먼저 들어온 정보를 중요하게 생각하기 때문이다.

[나열 병렬형 답변 예시]

면접관: 심리학과에 지원한 동기가 무엇인가요?
지원자: 제가 심리학과에 지원한 동기는

첫째, 심리학자 알프레드 아들러의 책을 읽고 그 분의 생각에 매료됐고 심리학에 자연스럽게 관심을 갖게 됐습니다.

둘째, 알프레드 아들러에 대한 관심은 심리학 동아리로 이어졌습니다. 동아리에서 자신이 좋아하는 심리학자의 사상과 생애에 대해서 발표하는 기회를 가졌는데 저는 아들러가 주장한 열등감에 대해서 심층적으로 조사해서 발표할 수 있었습니다. 발표한 자료는 보고서로 정리했습니다.

셋째, '멘토-멘티' 활동을 하면서 멘티 친구의 성적 향상을 위해서는 학습방법도 중요하지만 심리적인 요인이 크다는 걸 깨달았습니다. 친구 내면의 열등감이 걸림돌이었습니다. 이후 저는 관련 책과 자료를 뒤저보면서 심리학이 의사소통능력 등의 언어적 능력뿐만 아니라 통계학 등 사회과학이 총동원된다는 종합적인 학문이라는 사실을 알게 됐습니다.

중요도 순으로 대답하자!!!

10

설명형 대답은
문제의 핵심을 짧게 대답하자

　지식을 측정하는 '설명형' 문제는 정의나 개념 등 문제의 핵심을 단답형으로 한두 문장으로 짧게 대답한다. 그리고 나서 추가 질문이 들어오면 구체적으로 사례를 들거나 부연 설명, 상세화(상술)한다.

[설명형 답변 예시]

질문 1: 브렉시트가 무엇인가요?
답변 1: 영국이 유럽연합에서 탈퇴하는 것을 뜻합니다.

질문 2: 브렉시트가 영국에는 어떤 영향을 끼칠까요?

답변 2: 영국의 브렉시트는 영국 경제가 고립되면서 부정적 영향을 미칠 것으로 생각합니다.

질문 3: 그런데도 영국이 브렉시트를 선택한 이유가 뭔가요?

답변 3: 영국이 유럽연합(EU) 탈퇴를 결정한 주요 이유 중 하나는 엄청난 이민자 주입 때문입니다. 유럽연합(EU) 확대 등과 맞물려 유럽 대륙 내 중동·아프리카계 불법 이민자까지 몰려 영국의 이민자는 30만 명이 넘어서 영국인들의 원성은 극에 달했습니다.

정의나 개념은 한두 문장으로 짧고 명징하게 대답하자!!!

의견제시형 대답은
주장의 근거를 대답하자

　'의견 주장형' 문제는 주장을 정확하게 먼저 밝히고 주장의 근거를 제시해야 한다. '저는 …라고 생각합니다. 또는 저는 …를 찬성(반대)합니다. 그 이유는(또는 왜냐하면) …입니다.' 식으로 답변하면 된다. 그리고 '왜(Why)'로 물으면 '왜냐하면(Because)'으로 대답하면 된다.

　근거는 '-은/-는 …것 같습니다.'와 같이 추측하는 표현 대신 '-은/-는 …입니다.'와 같은 확실한 표현을 사용하는 것이 더욱 설득력을 얻는다. 어떤 주장을 선택하든 평가자는 반대 의견에 서서 지원자의 논리를 공박할 것이다. 이때 당황하지 말고 차근차근 평가자 논리의 문제점을 반박하거나, 자신의 주장을 옹호해야 한다. 특히 시사 이슈는 지원자의 가치 판단인 주장을 평가하지 않고 근거의 정합성을 따지기 때문이다. 예를 들어

'저는 원자력발전소를 이용하는 것에 반대합니다. 왜냐하면, 전력을 얻고 나서 생기는 핵폐기물의 처리문제 때문입니다.'라고 주장을 편 경우 감점을 주고, 그 반대의 경우에 가점을 주지는 않는다. 여기에 더하여 '원자력발전소는 환경 문제로 독일 등 선진국에서 감소하고 있습니다.'와 같이 사례를 제시하면 더욱 설득력을 얻는다. 즉, '주장 - 근거 - 사례' 말하기 방식은 논리적으로 길게 말하는 매우 유용한 면접 화법이므로 외워서 숙달할 것을 강력히 추천한다.

의견주장형 답변 예시 **1**

질문: 원자력발전소 건설에 관한 본인의 생각을 말해보세요.

주장: 저는 원자력발전소를 이용하는 것에 반대합니다.

근거: 왜냐하면 전력을 얻고 나서 생기는 핵폐기물의 처리문제 때문입니다.

사례: 원자력발전소는 환경 문제로 독일 등 선진국에서 감소하고 있습니다.

의견주장형 답변 예시 **2**

질문: 인공지능의 확대에 관한 본인의 생각을 말해보세요.

주장: 저는 인공지능의 확대에 찬성합니다.

근거: 왜냐하면, 최근 인공지능은 의료 서비스, 법률 서비스 등 다양한 분야에서 데이터베이스를 활용해 최적의 방안을 소비자에게 제공하고 있기 때문입니다

'주장-근거-사례'로 대답하자!!!

12

자신의 생각을 분명하고 솔직히 대답하자

평가자는 생각이 분명한 소신 있는 학생을 선호한다. '어디서/누구에게 들었는데요.' 식으로 무책임하게 말하면 안 된다. 학생부종합전형 면접평가에서는 질문에 대한 정답만을 기대하는 게 아니다. 수험생의 논리적 사고력이 어떻게 전개되고 있는지 과정 중심적인 평가를 중시한다. 양비론·양시론이나 절충형 대답은 주의해야 한다.

다만 토론 면접 또는 제시문 기반 면접에서 본인의 처음 주장을 끝까지 고수하는 것도 중요하지만, 상대방의 합리적 의견을 받아들여 생각을 확장하는 유연한 사고도 중요하다.

면접자들이 쉽게 빠지는 오류는 면접관들이 본인을 모르니 거짓으로 꾸며도 된다는 생각이다. 누구나 아는 말이나 상투적이고 식상한 어구 그리고 미사여구 등으로 자신을 포장하면 좋을 것 같지만 평가자 입장에서는 자신을 솔직히 사실대로 드러내는 학생에게 신뢰가 더 간다. 주저리주저리 말하는 것은 정말 쓸 말이 없다는 반증이다. 꾸미거나 거짓으로 대답하기보다는 질문 의도와 요지를 파악하는 데 집중하고 진솔하게 대답하자. 의심되면 학교에 직접 전화하거나 실사를 나오는 경우가 있다는 점 명심하자.

소신있고 진솔하게 대답하자!!!

13

자신감 있게
큰 소리로 대답하자

　면접 때 목소리가 너무 낮으면 지루하고, 목소리가 너무 높으면 듣기 불편하다. 끝까지 큰 소리로 말하면 소음일 수도 있지만 자신감 있게 큰 소리로 말할 것을 권한다. 말의 끝을 흐리면서 작아지는 목소리는 좋지 못하다. 목소리의 고저는 계이름 '미' 톤이 좋다고 하지만 강조해야 할 내용이라면 '솔' 톤도 좋다. 사실, 면접평가에서 목소리가 낮아서 손해를 보는 경우는 있어도 그 반대의 경우는 거의 없다.

　즉, 목소리 크기는 평소보다 약간 톤을 높이는 것이 좋다. 기어들어가는 목소리는 스스로를 더 위축시킨다. 목소리가 작으면 듣는 사람이 선택권을 갖게 되고, 목소리가 크면 말하는 사람이 주도권을 쥐게 된다는 이야기가 있지 않은가. 그렇다고 웅변하듯 말하는 것도 능사는 아니다. 목소리 고저를 조정하며 듣는 사람을 편안하게 해줘야 한다.

큰 소리로 대답하자!!!

• '것 같아요'의 잘못된 사용

 송이야, 어디 아파?

 배가 아픈 것 같아요.

 아프다는 거야? 안 아프다는 거야?

 저 아픈데요.

예시)   이제는 배가 부른 것 같아요.
        그래서 기분이 좋은 것 같아요.

        이제는 배가 부릅니다.
        그래서 기분이 좋습니다.

14

숫자로 대답하자

숫자는 사실을 가장 설득력 있게 설명할 수 있는 화법 중 하나다. 숫자는 확실히 힘이 있다. 숫자는 객관적이면서도 치밀하게 보이기 때문이다. 추상적으로 말하는 면접자보다 신뢰감이 드는 것도 사실이다. 구체적인 숫자를 언급하면 면접관에게 믿음을 줄 수 있다. 몇 퍼센트, 몇 명, 몇 배 이런 식으로 면접에서 세밀하게 말해보자. 하지만 반드시 숫자로 말하는 것이 유리한 것은 아니다. 숫자가 틀리면 신뢰를 일순간 깎아먹기 때문이다. 숫자를 사용하는 데 신중해야 하는 이유다. 우선, 자신 없는 숫자를 써서는 안 된다. 특히 지원학과와 관련된 통계 수치를 언급할 때는 조심해야 한다. 전공 교수님인 면접관에게 역공을 당할 수 있다.

숫자로 말하기 예시 1

질문: 가장 인상 깊은 봉사활동을 말해보세요

답변: 동아리 '정책포럼' 활동 중 '집에 돈이 없어서'라는 이유로 수학여행을 못 간다는 익명의 쪽지를 받은 저는 생각지도 못한 의견에 뒤통수를 맞은 느낌이었습니다. 주위에도 드러나진 않지만 가정형편이 안 좋은 친구가 꽤 있으리라 생각해 인터넷을 찾던 중 봉사단체의 통계를 통해 국내 아동 10퍼센트가 주거 빈곤 상태임을 알았습니다. 이후 학생회 부원과 협력해 빈곤 아동을 돕자는 취지의 공연을 했고 재단으로부터 물품을 지원받아 캠페인을 진행했습니다. 결과적으로 150만 원의 후원금을 모아 재단에 전달했습니다.

숫자로 말하기 예시 2

질문: 자율교육과정 시간에 혈압 측정 기준에 대해서 배웠다고 하는데 정확하게 그 기준을 말해보세요.

답변: 고혈압은 수축기 혈압 140mmHg 이상, 이완기 혈압 90mmHg 이상을 말합니다. 정상혈압은 일반적으로 수축기 혈압 120mmHg, 이완기 혈압 80mmHg입니다. 저혈압의 경우는 고혈압과 다르게 정확한 진단 기준이 있지는 않지만 보통 수축기 혈압이 100mmHg 아래일 경우를 의미합니다.

숫자로 말하기 예시 3

질문: 민주시민 시간에 어린이 안전사고에 대해서 조사해봤다고 하는데, 어린이 안전사고가 가장 많다는 걸 어떻게 조사했는지 설명해보세요.

답변: 통계청의 2019년 연령대별 안전사고 현황 그래프를 보고 분석했습니다. 10대부터 50대까지는 한 해에 각 연령당 4,000건 정도의 안전사고가 발생했습니다. 60대 이상부터는 대략 5,000건 정도의 안전사고가 발생했습니다. 그러나 10세 미만의 어린이의 경우, 15,000건 이상의 안전사고가 일어나게 됩니다. 이를 통해, 다른 연령대보다 3.5배 이상의 압도적인 안전사고가 발생한다는 것을 알 수 있었습니다.

숫자로 말하기 예시 **4**

질문: 2학년 '사회' 시간에 '진로 구체성이 높을수록 학교생활만족도가 높을 것이다'는 주제를 연구했다고 기재돼 있습니다. 서베이를 어떻게 처리했으며, 연구 결과를 구체적으로 설명해보세요.

답변: 2학년 '사회' 시간에 자료수집 방법을 배우면서 직접 연구에 활용해보고 싶었습니다. '서베이/리서치' 동아리에서 연구 주제로 '진로 구체성이 높을수록 학교생활만족도가 높을 것이다'를 제시했고 최종 주제로 선정이 됐습니다. 친구들이 평소에 진로에 대해 고민하며, 힘들어하는 걸 자주 봤기 때문에 의미 있을 것으로 생각했습니다. 전교생 972명을 대상으로 조회 시간에 설문지를 배포하고 쉬는 시간에 수거하는 방식을 이용했습니다. 568부를 회수했으며 무응답, 무성의 설문지 59부를 제외해 총 509부를 통계화했습니다. 진로를 결정하지 않은 학생들에게서는 진로 구체성과 학교생활만족도 사이의 상관관계를 찾을 수 없었습니다. 하지만 진로를 결정한 학생들 중에서도 진로에 대해 구체적으로 고민해 본, 즉 진로 구체성이 높은 학생일수록 학교생활만족도가 높다는 유의미한 결과를 도출해냈습니다.

통계 수치로 대답하자!!!

15

상대방의 질문을
주어로 삼아 대답하자

면접에서 최고의 답변은 질문의 요지와 의도를 정확히 파악하고 명료하게 답변하는 데 있다. 평가자의 질문을 '주어'로 삼아 대답하면 질문의 요지를 놓치지 않게 된다. 예를 들어 '경영학과에 지원한 동기가 무엇인가요?'라고 질문을 받은 경우, '제가 경영학과에 지원한 동기는 …때문입니다.'라고 질문을 주어로 삼아 대답하는 방식이다. 지원자는 질문을 되새기며 말할 수 있고, 평가자는 지원자의 말하는 방식이 논리적이라고 판단한다. 간단하지만 유용한 면접 화법이다.

질문을 주어로 삼는 답변 예시 **1**

질문 1: 경영학과에 지원한 동기가 무엇인가요?

답변 1: 제가 경영학과에 지원한 동기는 ~~~ 때문입니다.

질문을 주어로 삼는 답변 예시 **2**

질문 1: 간호사에게 가장 중요한 자질은 무엇이라고 생각하나요?

답변 1: 간호사에게 가장 중요한 자질은 전문성이라고 생각합니다.

▣ 유사한 질문과 의도

질문 내용	질문 의도
지원자의 장점은?	우리 고등학교와 학과(학부)에서 찾고 있는 인재상에 얼마나 근접한 지원자인가?
우리 고등학교가 지원자를 선발해야 하는 이유는?	
지원자가 합격하면 우리 고등학교에 어떤 기여를 할 수 있나?	
지원자의 10년 후의 진로계획은 무엇인가?	
지원자가 이 학과(학부)에 적합한 이유는?	
지원자가 우리 고등학교 추천전형에 추천된 이유는?	
지원자를 사물에 비유해 본다면?	
지원동기가 뭔가?	우리 고등학교와 우리 학과(학부)에 얼마나 관심을 갖고 연구했나?
그 많은 고등학교 중에서 왜 우리 고등학교,, 우리 학과(학부)를 지원했나?	
우리 고등학교를, 우리 학과(학부)를 어떻게 생각하나?	
지원자의 단점은 무엇인가?	자신에 대해 얼마나 솔직한가?
지원자가 고쳐야 할 점은 무엇인가?	
가장 어려웠던 역경은 무엇인가?	
지원자가 가장 후회하는 경험은 무엇인가?	

질문을 주어로 삼아 대답하자!!!

면접 비언어적
표현

사람의 첫인상을 결정짓는 데 필요한 3초를 좌우하는 가장 중요한 요소는 무엇일까? UCLA 교수 알버트 메러비안(Albert Mehrabian)은 의사소통할 때 목소리, 얼굴 표정 같은 비언어적 요소가 중요하다고 주장한다. 면접에서의 화법은 언어적 요소와 비언어적[1] 요소로 나뉜다. 첫인상에 대한 평가는 비언어적 요소인 시각적 요소 55%(표정 35%, 태도 20%), 청각적 요소(목소리 38%), 그리고 언어적 요소(말의 내용 7%)로 결정된다는 것이다. 즉, 면접 시 비언어적 요소들에 의해 대화의 내용이 93% 전달되는 것이다. 비언어 행위의 권위자인 버드휘스텔 박사 역시 의사소통에서 비언어적 요소가 전달하는 정보의 양이 65~75%이며, 음성은 30~35% 정도라고 주장했다. 면접에서 언어적 요소도 중요하지만 자세, 손짓이나 몸짓, 표정 등의 비언어적 요소도 중요하다는 거다. 언어로는 제한된 표현밖에 할 수 없지만 비언어를 사용하면 다양한 의미를 전달할 수 있기 때문이다. 면접은 본인의 생각을 표현하고 의사를 전달하는 능력과 면접에 임하는 태도와 자세까지를 포함하여 평가한다. 지원 모집단위에서 학업을 수행하고 싶다는 열의, 자신감 있는 말투와 최선을 다하려는 자세, 공손한 태도와 밝은 표정은 면접관들에게 좋은 평가를 받을 수 있는 비결이다. 면접 준비를 열심히 한 학생들에게는 맥이 빠질 수 있는 얘기지만 웃는 모습과 부드러운 눈빛 등이 당락을 결정하는 중요 요소임을 명심해야 한다. 언어적 요소인 화법과 마찬가지로 비언어적·반언어적[2] 요소도 준비와 교정 가능하니 실망할 필요는 없다. 태도가 말을 한다는 점 명심하자.

---

1 비언어적(非言語的) 표현은 음성 이외의 동작 언어다. 자세, 손짓, 몸짓, 표정 등을 통해 의미를 전달하는 것을 말한다.
2 반언어적(半言語的) 표현은 언어에 동반되는 표현, 즉 어조, 속도, 고저, 음색, 장단, 강약 등을 통해 전달하고자 하는 의미를 좀 더 분명하게 나타내는 것을 말한다.

01

시선 처리

  학생들이 면접에서 쉽게 범하는 실수가 시선 처리다. 면접을 보다보면 자기도 모르게 시선을 땅에 떨구거나 다른 곳으로 돌리는 경우가 있다. 자신감이나 예의가 없는 사람으로 비춰질 수 있다. 다대일 면접의 경우 보통 두세 명의 면접관이 면접장에 들어온다. 이때 본인에게 질문한 면접관에게 눈맞춤(EYE CONTACT 아이 콘택트)을 유지하되 지나치게 응시하는 것은 삼가야 한다. 면접관 이외의 곳에 시선을 분산하면 안 된다. 서양에서는 두 눈을 마주 보고 말을 하라고 하지만 우리나라에서는 사람을 똑바로 쳐다보는 것은 실례다. 자연스럽고 부드러운 눈빛으로 쳐다보되 지나치게 응시하지 말자. 면접관을 계속 쳐다보는 것이 부담스러우면 면접관의 눈을 한 눈씩 교대로 보거나 미간, 코, 인중을 보는 것도 요령이다.

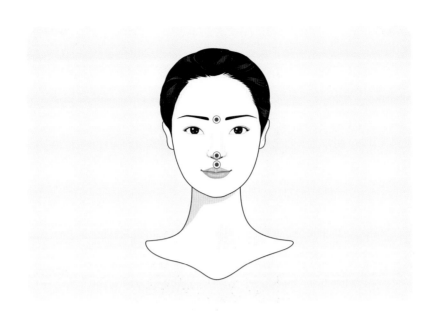

그래도 부담스러우면 가끔씩 시선을 면접관의 넥타이 매듭 정도로 내려 주는 것은 괜찮다. 모의면접 때 한 명에 대한 아이 콘택트가 익숙해지면 두세 명을 번갈아 보는 연습을 하면 좋다.

그래도 면접관과 눈맞춤을 권하고 싶다. 눈을 마주치는 것부터가 만남의 시작이기 때문이다.

비대면 면접(동영상 업로드 면접, 현장 녹화 면접, 실시간 화상 면접)의 경우 대면 면접과는 시선 처리 방식이 다름을 유의해야 한다. 비대면 면접의 경우 대면 면접처럼 면접관의 눈을 번갈아 보면 매우 산만해 보인다. 시선 처리는 카메라 렌즈의 상단이나 중앙에 집중하고 연습할 것을 권한다.

02

앉는 자세

　면접장에 들어와서는 인사를 한 다음 허리를 펴고 당당하게 걸어서 지정된 자리에 앉으면 된다. 앉은 자세는 의자 등받이에 등을 대지 말고 허리, 가슴, 머리로 이어지는 중심 라인을 당당하게 곧추세운 바른 자세로 앉아야 한다. 두 손은 팔짱을 끼어서는 안 되고 힘을 뺀 상태로 손바닥을 아래쪽으로 해서 무릎 위에 놓는다. 다리는 편하게 모으되 반드시 붙일 필요는 없지만 많이 벌어지지 않도록 주의한다.

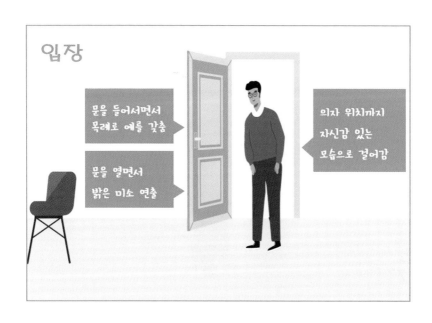

03

표정

　먼저 부드러운 첫인상을 만드는 연습을 지속해서 하자. 부드러운 표정과 입가에 가벼운 미소가 좋다. 자연스럽게 웃어 보이며 말을 하면 밝고 긍정적인 인상을 줄 뿐만 아니라 여유가 있어 보인다. 그렇다고 억지 미소는 오히려 더 어색할 수 있다. 미소를 지을 때는 이가 살짝 보이게 그리고 눈도 같이 환하게 웃는 것이 좋다. 몸을 흔들면서 지나치게 웃을 필요는 없지만 편안한 표정은 꼭 유지해야 한다. 얼굴이 굳은 것 같을 때는 중간 중간에 고개를 끄덕이는 행동을 보여 면접관의 말에 귀 기울이고 있다는 것을 보여주는 것도 좋다.

〈입꼬리 근육을 단련시키는 방법〉

*눈 주위의 근육을 풀어 주고 입 주위를 비롯한 얼굴 전체 근육을 긴장시킨 후 이완시킨다.

❶ 눈썹을 올리고 윙크~ 윙크~ 윙크~

❷ 오른쪽, 왼쪽, 위, 아래, 얼굴 쭉 빼고, 바람 가득, 입꼬리 올리고, 개구리 뒷 다리

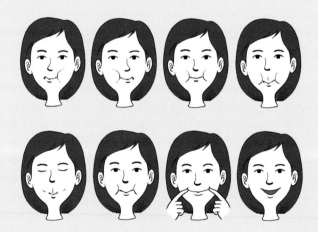

04

용모와 복장

　단정한 용모와 복장은 면접관에게 좋은 초두효과(初頭效果)[1]를 준다. 따라서 헤어스타일은 얼굴을 가리지 않고 깨끗하게 잘 정리돼 있어야 하며, 면접관과의 거리가 가깝기 때문에 세수와 양치도 신경쓰자. 외모에서 가장 중요한 부분은 청결이다. 당연한 이야기지만, 색조 화장은 안 되며, 수염과 손톱은 깔끔하게 깎아야 한다. 깨끗하고 다림질이 잘 되어 있는 의상에 잘 닦인 신발은 필수조건이다. 화려한 원색과 장식구가 달린 옷보다는 면접관이 면접자의 표정에 집중할 수 있는 차분한 복장을 권한다.

1　한 가지 좋은 점이 다른 모든 부분을 좋아 보이게 작용한다는 이론

블라인드 면접이 원칙이므로 학교를 유추할 수 있는 교복과 표식은 착용 불가다. 시계는 가능하지만 자주 시계를 보는 건 불안해 보인다. 귀고리, 팔찌, 목걸이, 반지 등은 가급적 착용 안 하는 것이 좋다. 특히 특정 종교를 상징하는 액세서리는 피하자.

첫인상에서 복장이 상대방에게 주는 신뢰감과 설득력을 무시해서는 안 된다. 튀어 보이는 개성적인 복장보다는 보수적인 스타일을 권한다.

05

제스처

　면접 시 질문 내용을 효과적으로 전달하려면 몸짓이나 손짓 같은 자연스런 제스처가 중요하다. 제스처를 사용하면 느낌이 더 생생해진다. 손동작을 할 때는 배꼽 위에서 눈썹 사이에서 하는 것이 적당하다. 제스처는 팔 전체로 하고 손과 팔을 여러 각도로 움직여 주면 된다. 면접 과정 중간중간에 고개를 끄덕이는 등의 제스처는 면접관의 말에 귀 기울이고 있음을 보여주는 좋은 경우다.

　하지만 강조할 내용에서 제스처는 좋지만 불필요한 제스처는 다소 과해 보이고 평가자를 불편하게 만들 수 있다. 즉, 한숨 쉬기, 코 훌쩍이기, 손이나 머리 만지기, 다리 떨기, 시계 보기 등 불필요한 제스처는 절대로 삼가야 한다.

06

억양, 속도, 강약, 발음

면접 대화 때는 억양, 속도, 강약, 발음이 명확하게 전달되도록 노력해야 한다. 특히, 말꼬리를 흐리거나 부정확하게 끝맺지 말고 의사표현을 정확히 한다. 면접이 끝날 때까지 발음을 정확히 해야 한다. 어미 부분, 끝 부분을 높여서 말하지 않도록 유의해야 한다. 친구들과 모의면접을 하며 정확한 발음과 끊어 읽기 등을 지속해서 연습하면 큰 도움이 된다.

내용이나 주제가 바뀔 때, 쉼표와 마침표가 있을 때, 이어주는 말 뒤에 (그리고, 그러나 등), 순서를 나타내는 말 뒤에(첫째, 둘째, 셋째, 끝으로 등), 중심 단어와 강조할 내용 앞에서, 내용상 의미 묶음 단위(주어와 서술어, 부사어와 서술어, 관형어와 체언 등) 앞에서 끊어 읽는 연습을 계속 해야 한다. 강조할 부분은 천천히 크고 강하게 말하고 강조할 부분 바로 앞에서 멈추는 즉 포즈(Pause) 연습을 계속 해야 한다. 강조하려는 지점에서 평가자와 눈을 맞추고 천천히 감정을 실어 말하면 전달 효과가 크다.

반면, 남학생의 경우 이어서 말하지 못하고 툭툭 끊어서 말하는 경우가 많다. 말하기 호흡 연습이 안 돼서 나타나는 현상이다. 안정적 호흡은 1회 호흡으로 40음절 정도를 소화해야 한다. 시조가 45자 내외이므로 시조 한 수를 1회 호흡으로 연습하면 도움이 많이 된다.

말을 할 때 긴장하면 말이 빨라지게 된다. 말이 빨라지면 발음이 부정확해지고 듣는 사람도 알아듣기가 힘들어진다. 그렇다고 항상 똑같은 속도로 말하라는 것이 아니다. 중요한 부분이나 어려운 내용은 천천히 말하고, 중요하지 않은 내용이나 누구나 아는 내용은 빠르게 말하는 것이 원칙이다.

호흡 연습 시조 예시

이방원 〈하여가(何如歌)〉 (46음절)
이런들 어떠하리 저런들 어떠하리
만수산 드렁칡이 얽혀진들 어떠하리
우리도 이같이 얽혀져 백년까지 누리리라

정몽주 〈단심가(丹心歌)〉 (45음절)
이 몸이 죽고 죽어 일백 번 고쳐 죽어

백골이 진토 되어 넋이라도 있고 없고
임 향한 일편단심이야 가실 줄이 있으랴

발음 연습 예시

1. 서울특별시 특허허가과 업무과과장 허과장

2. 간장 공장 공장장은 강 공장장이고,
   된장 공장 공장장은 장 공장장이다.

3. 저기 계신 저 분이 박 법학박사이시고,
   여기 계신 이 분이 백 법학박사이시다.

4. 내가 그린 기린 그림은 잘 그린 기린 그림이고,
   네가 그린 기린 그림은 잘못 그린 기린 그림이다.

5. 들의 콩깍지는 깐 콩깍지인가 안 깐 콩깍지인가.
   깐 콩깍지면 어떻고 안 깐 콩깍지면 어떠냐.
   깐 콩까지나 안 깐 콩깍지나 콩깍지는 다 콩깍지인데.

6. 저기 저 뜀틀이 내가 뛸 뜀틀인가 내가 안 뛸 뜀틀인가.

7. 옆집 팥죽은 붉은 팥 팥죽이고, 뒷집 콩죽은 검은콩 콩죽이다.

8. 앞집 팥죽은 붉은 팥 풋팥죽이고, 뒷집 콩죽은 해콩단콩 콩죽이다.

9. 멍멍이네 꿀꿀이는 멍멍해도 꿀꿀하고, 꿀꿀이네 멍멍이는 꿀꿀해도 멍멍하네.

10. 앞뜰에 있는 말뚝이 말 맬 말뚝이냐 말 안 맬 말뚝이냐.

11. 경찰청 쇠창살 외철창살, 검찰청 쇠창살 쌍철창살

12. 검찰청 쇠철창상은 새 쇠철창살이냐 헌 쇠철창살이냐.

어디서 숨 쉬어야 돼요?

1. 내용이나 주제가 바뀔 때

2. 쉼표와 마침표가 있을 때, 한 문장이 끝날 때

3. 이어주는 말 뒤(그리고, 그러나 등)

4. 순서를 나타내는 말 뒤(첫째, 둘째, 셋째, 끝으로 등)

5. 중심 단어와 강조할 내용 앞, 중요한 내용 앞

6. 내용상 의미 묶음 단위(주어와 서술어, 부사어와 서술어, 관형어와 체언 등) 앞

PART
4

추가 질문
[Probing]

추가 질문과 답변 예시

　고입 자기주도학습전형 면접의 성패는 첫 질문에 대한 빠른 답변에 달려 있기보다는 추가 질문(꼬리 질문, 후속 질문, 단계별 질문, 세부 질문, 탐침 질문, 부가 질문)에 대한 논리적이고 명료한 답변에 달려 있다. 첫 질문에 대한 답변은 누구나 유창하게 대답을 한다. 서류 내용의 진위를 확인하는 수준의 쉬운 질문이기 때문이다. 하지만 문제는 이후 예리하게 들어오는 추가 질문에 있다. 이 질문에 머뭇거릴 경우 활동의 진정성이 의심받게 된다. 따라서 모의면접을 준비할 때 활동을 소개하는 첫 질문만을 만들지 말고 그 활동에 대해서 물어볼 수 있는 '추가 질문과 답변'을 만들어 준비하는 것이 서류 기반 면접에서 합격의 관건이 된다. 학생부와 자소서를 텍스트라고 생각하고 시험 내듯이 실제 면접에서 예상되는 질문을 만들고, 이를 바탕으로 꼬리 질문과 답변을 만들어 보자.

　이때 추가 질문이 구체적 상황으로 물으면 그 상황을 일반화, 추상화해서 대답하는 것이 좋다. 문제가 구체적일수록 구체적인 대답을 해버리면 그 문제가 요구하는 요구조건을 헤아리지 못하게 된다. 반면 너무 추상적인 질문을 받았을 경우 구체적인 예를 들어서 설명하면 좋은 인상을 주게 된다. 추상적인 질문에 추상적인 대답으로 일관하면 문제의 핵심을 잡지 못하게 되고 문제 속에서 스스로 빠져 우왕좌왕하는 경우가 많다.

　쉽지 않겠지만 면접 질문에 대한 가장 우수한 답변은 추상성과 구체성이 균형을 이룰 때다.

추상성과 구체성이 균형을 이룬 답변 예시

질문: 중학교 때 의사소통의 중요성을 깨달은 경험을 말해보세요.

답변: 집단 따돌림을 당하는 친구를 위로하는 과정에서 의사소통의 중요성을 느꼈습니다. [추상성] 그 친구를 연민하기보다 그냥 있는 그대로 받아들이고 학급일기에 동참하게 했습니다. [구체성]

추가 질문 형태 예시 **1**

면접관: 지원한 전공을 통해 이루고자 하는 목표나 방향에 대해 이야기하고, 이를 위해 어떠한 준비와 노력을 해왔는지 구체적인 사례를 들어 이야기해 보세요.

✦ 추가 질문

Q1. 지원한 전공에 관심을 가지게 된 계기는 무엇입니까?

Q2. 지원하고자 하는 전공을 위하여 어떤 준비와 노력을 기울였나요?

Q3. 이러한 노력의 과정에서 스스로 느낀 본인의 부족한 점은 무엇이었으며 어떻게 해결하려 하였나요?

Q4. 본교의 지원학과가 자신의 진로목표를 달성하는 데 어떤 도움을 줄 수 있다고 생각하나요?

추가 질문 형태 예시 **2**

면접관: 중학교 시절 자신이 속한 공동체의 발전을 위하여 함께 노력한 경험이 있으면 이에 대해 이야기해 주세요.

+추가 질문

Q1. 구체적으로 그 일은 어떤 일이었으며 본인의 역할은 무엇이었나요?

Q2. 그 일을 수행하는 과정에서 생긴 어려움은 무엇이었으며 어떻게 해결했나요?

추가 질문 형태 예시 3

면접관: 지원자가 자신의 단점을 극복하기 위해 가장 힘들여 노력했던 사례를 얘기해 주세요.

+추가 질문

Q1. 왜 그렇게 꼭 극복해야겠다고 생각했나요?

Q2. 그 과정에서도 가장 힘들었던 상황은 어떤 상황이었나요?

Q3. 그 상황을 구체적으로 어떻게 해결해 나갔나요?

Q4. 왜 그런 방식을 선택했나요?

Q5. 그 방식을 실행하는 과정에서 가장 어려웠던 점은 뭔가요?

Q6. 그런 어려움이나 장애를 어떻게 이겨나갔나요?

Q7. 그 방식을 써서 나타난 가장 중요한 변화는 뭔가요?

Q8. 그 방식의 부정적인 효과는 어떤 것들이었나요?

Q9. 지금 다시 겪는다면 그 방식을 어떻게 바꿀 것 같은가요?

추가 질문 형태 예시 4

면접관: 영어교육과에 지원하게 된 계기가 무엇인가요?

✚ 추가 질문

Q1. 영어과목에 대한 특별한 학습경험이 있다면?

Q2. 영어교사로서 수업에 적용하고 싶은 나만의 영어 학습법이 있나요?

Q3. 영어를 포기하는 학생이 많은데 그 이유는 무엇일까요?

Q4. 영어교육과에 진학한 후 학업계획에 관해 말해 보세요.

Q5. 수능 영어 절대평가 시행의 배경에 관해 말해 보세요.

추가 질문 형태 예시 5

면접관: 봉사활동을 한 경험이 있나요?

✚ 추가 질문

Q1. 봉사활동 경험에 대해 구체적으로 말해 보세요.

Q2. 어떤 계기로 봉사활동을 하게 되었나요?

Q3. 가장 어려웠던 점은 무엇이었나요? 특별히 기억나는 점(사람)에 대해 구체적으로 말해 주세요.

Q4. 봉사활동을 통해 무엇을 배웠나요? 무엇을 느꼈나요?

Q5. 이후에 또 봉사활동을 할 계획이 있나요? 있다면, 어떤 봉사활동을 하고자 하나요?

추가 질문과 답변 예시 1

면접관: 우선 지원동기부터 말해 보세요.

지원자: 2학년 때 비행기에 대한 동경으로 물리 동아리에 들어갔습니다. 거기서 에어 사이언스 프로젝트를 진행하며 비행기에 대해 구체적으로

알게 됐습니다. 비행기에 대한 관심은 전투기에 대한 관심으로 이어졌고 성능 좋은 전투기를 만드는 연구원이 돼야겠다는 생각에 지원했습니다.

면접관: 그래요. 에어 사이언스 프로젝트는 뭔가요?

지원자: 풍동 실험 장치를 제작해 모형 비행기를 만드는 겁니다.

면접관: 풍동 실험 장치는 어떻게 만들었나요?

지원자: 관련 서적을 찾고 동영상을 보며 여러 번 시행착오를 겪으며 완성했습니다.

면접관: 좀 더 구체적으로 말해 주시구요, 풍동 실험 장치로 진행한 실험은 또 없었나요?

지원자: 풍동 실험은 공기가 흐르는 현상이나 공기의 흐름이 물체에 미치는 힘 또는 흐름 속에 있는 물체의 운동 등을 조사하기 위해 인공적으로 공기가 흐르도록 만든 장치인 풍동을 가지고 하는 실험입니다. 대학 풍동실을 사용하기가 너무 어려워서(시간, 비용) 간단한 송풍기를 물리 선생님의 도움을 받아 만들었습니다. 그리고 양력과 항력의 차이를 풍동 실험 장치를 통해 지나가는 속도에 의해 무게의 변화를 기록하여 풍속의 가감에 의해 하중이 증감하는 모습을 실험했습니다.

추가 질문과 답변 예시 2

면접관: 본인이 읽은 책 중 가장 기억에 남는 책은 무엇입니까?

지원자: 에밀이 가장 기억에 남습니다. 에밀을 읽고 교사가 되겠다고 다짐했기 때문입니다.

면접관: 에밀이 교육계에서 아주 중요한 책인 것 아시죠? 이 책을 읽고 교사가 되겠다고 다짐하게 된 계기가 된 부분이 있다면 말해보시겠어요?

지원자: 자연을 따르라고 역설한 부분입니다.

면접관: 문명 이전의 원시 상태의 자연으로 돌아갈 수 없지 않나요?

지원자: 물론입니다. 루소는 자연이라는 개념을 활용하여 자유롭고 순수했던 인간의 참모습으로 돌아가자는 뜻입니다. 루소은 교육이 인간이 지닌 본래의 순수성을 찾을 수 있다고 봤습니다. 루소는 인간에게 주어진 자연성을 그대로 드러나게 하고 그것을 실현하려는 교육을 추구했고 이것이 교사의 역할이라고 역설했습니다. 이 점이 에밀이 제게 영향을 끼친 부분입니다.

추가 질문과 답변 예시 **3**

면접관: 중학교 생활 중 가장 기억에 남는 활동은 무엇입니까?

지원자: 학교 축제 때 합창대회가 가장 기억에 남습니다.

면접관: 그 이유가 무엇입니까?

지원자: 학교 축제에서 반별 프로그램으로 우리 반은 합창을 하자는 의견이 나왔지만, 일부 학생들은 학원 수업 등을 이유로 반대가 심했습니다. 양쪽 모두 한치의 양보도 없었지만, 결국엔 제가 반장으로서 합창을 하는 것에 학생들의 합의를 이끌어내는 데 성공했습니다.

면접관: 반 동의를 얻기 위해 본인이 했던 구체적인 노력은 무엇입니까?

지원자: 반대하는 친구들에게 우리 반이 음악을 좋아하는 공통점이 있고 노래를 썩 잘하는 친구들도 많다는 점 그리고 반화합에 좋은 기회라는 점을 강조하며 설득해 나갔습니다. 학원 수업은 주말로 조정하도록 하니 원만하게 이견을 좁힐 수 있었습니다.

면접관: 합창대회 참가에 대한 합의를 이끌어 낸 후, 합창대회 준비과정 중 본인이 수행했던 역할은 무엇입니까?

지원자: 저는 지휘를 맡았습니다. 최선을 다해 준비했지만, 첫 전체연습 때 친구들은 예선 탈락할 것을 지레짐작하고 지휘를 보지 않았습니다.

속상한 마음을 뒤로하고 친구들이 왜 참여하지 않을까를 고민했습니다. 그 결과 친구들에게 필요한 것은 연습보다도 자신감 회복임을 느꼈습니다. 반주를 맡은 친구와 음정을 조정하고 곡을 직접 편곡하자, 부르기 편해진 노래에 자신감이 붙으며 참여율이 점점 높아졌습니다. 함께 지휘를 보고, 박자를 지키는 과정에서 어색했던 사이에 하나라는 의식이 생겨났습니다. 마침내 축제날 저희 반은 가장 뜨거운 환호 속에서 무대를 마쳤고, 3위로 입상하는 영광도 누렸습니다.

추가 질문과 답변 예시 **4**

면접관: 브렉시트가 무엇입니까?

지원자: 영국이 유럽연합에서 탈퇴하는 것을 뜻합니다.

면접관: 브렉시트가 영국에는 어떤 영향을 끼칠까요?

지원자: 영국의 브렉시트는 영국 경제가 고립되면서 부정적 영향을 미칠 것으로 생각합니다.

면접관: 그런데도 영국이 브렉시트를 선택한 이유가 무엇입니까?

지원자: 영국이 유럽연합(EU) 탈퇴를 결정한 주요 이유 중 하나는 엄청난 이민자 유입 때문입니다. 유럽연합(EU) 확대 등과 맞물려 유럽 대륙 내 중동·아프리카계 불법 이민자까지 몰려 영국의 이민자는 30만 명이 넘어서 영국인들의 원성은 극에 달했습니다.

추가 질문과 답변 예시 **5**

면접관: 수학 과목을 좋아하나 봐요?

지원자: 네. 그렇습니다.

면접관: 수학이 왜 좋아요?

지원자: 수학은 다른 과목들과 달리 답을 구할 때의 성취감이 크고 언어로만 이루어진 과목이 아니기 때문에 더 오랜 시간 공부를 할 수 있었습니다. 그랬더니 자연스럽게 수학을 하는 시간이 늘어났고 수학 실력이 늘면서 수학을 좋아하게 됐습니다.

면접관: 보통 수학 쪽을 잘하는 사람들이 국어 쪽을 잘 못하는데 본인도 그렇나요?

지원자: 수학 쪽보다 국어 쪽이 약한 것은 사실이지만 그런 부분은 노력을 통해 충분히 메꿀 수 있다고 생각합니다.

면접관: 회계사는 어떻게 알게 됐나요?

지원자: 부모님께서 사업장을 가지고 계셔서 평소에 회계사라는 직업에 대해 많이 들어왔습니다. 진로를 결정할 때 회계사라는 직업에 대해 찾아보았더니 저의 성향이나 적성에 잘 맞을 것 같다는 생각을 하게 되었고 고등학교 1학년 나의 꿈 발표대회를 준비하면서 회계사를 잘 알게 되었고 진로를 결정하게 됐습니다.

면접관: 회계사가 높은 보수와 자유로운 직업 환경을 가지고 있다고 자소서에 써 있는데 잘못된 정보 아닌가요?

지원자: 인터넷에서 진로 탐색을 하다 보니 그런 정보들이 많이 나와 있었습니다.

면접관: 3년 동안 계속 회계사가 꿈인데 거꾸로 말하면 다른 분야에는 관심이 없다는 말 아닌가요?

지원자: 다른 분야에 비해 회계 쪽에 관심이 많은 것뿐이지 다른 분야에 관심이 없는 것은 아닙니다.

면접관: 그럼 어떤 분야에 관심이 있나요?

지원자: 국내나 해외 가리지 않고 봉사 쪽에 관심이 많습니다.

면접관: 해외봉사도 하셨어요?

지원자: 네, 교회에서 캄보디아 봉사를 다녀왔습니다.

■ 추가 질문(Probing Question)
= 후속 질문, 꼬리 질문, 탐침 질문, 부가 질문, 세부 질문, 단계별 질문

- 서류 기반 면접 합격은 첫 질문에 대한 빠른 답변이 아니라, 추가 질문에 대한 명료한 답변이 중요
- 첫 질문에 정답은 없으며, 추가 질문하면서 분석력을 살펴보기 위한 도입부로 활용
- 지원자가 어떻게 답을 이끌어내는지 살펴서, 개념을 분석하고 주장을 지지하는 근거를 제시하는 능력, 반대의견에 반론하는 능력을 평가로 활용

PART
5

면접장 7계명

01

학생답지 않은 복장과 액세서리는 삼가라

학생답지 않은 복장과 액세서리는 삼가자. 학교를 유추할 수 있는 교복과 표식은 착용 불가다. 면접관이 면접자의 표정에 집중할 수 있는 차분한 복장을 권한다. 깨끗하고 다림질이 잘 되어 있는 의상에 잘 닦인 신발이 기본이다. 시계는 가능하지만 귀고리, 팔찌, 목걸이 등은 피해야 한다. 색조 화장은 안 되며 헤어스타일은 얼굴을 가리지 않고 잘 정리돼 있어야 하며, 수염과 손톱은 깨끗하게 깎아야 한다. 급히 나오느라 헝클어진 머리로 면접에 임하거나, 잠을 충분히 자지 못해 피곤해 보이는 일이 없도록 해야 한다.

02

블라인드 면접에 벗어나는
언행은 삼가라

　블라인드 면접이 시행되므로 학교명과 이름, 부모님의 직업이나 이름을 밝혀서는 안 된다. 개인 정보가 노출될 수 있는 답변은 하지 않아야 한다. 공정성 강화를 위해 고등학교는 블라인드 면접을 철저하게 준수하고 있다. 블라인드 면접에 저해되는 답변 시 감점 처리되므로 유의해야 한다.

1. 면접 시 지원자의 출신 중학교, 지역 등을 유추할 수 있는 복장, 특히 교복은 착용하지 않는다.
2. 성명, 수험번호, 출신 중학교명을 말하지 않는다.

3. 부모 및 친인척의 사회·경제적 지위(직종, 직업, 직장명, 직위 등)를 말하지 않는다.

4. 해외 유학 경험, 공인 어학성적, 수학·과학·외국어 교외 수상 실적을 말하지 않는다.

03

성의 없는 인사는 삼가라

　인사는 예의바른 태도의 기본이고, 면접관이 면접자에게 느끼는 첫인
상을 좌우한다. 망설임이 느껴지는 인사, 귀찮아하며 건네는 성의 없는
인사, 말로만 하는 인사, 고개만 까딱하는 인사, 무표정한 인사, 눈을 마
주치지 않고 하는 인사. 이런 인사는 하지 말자. 인사는 공손하고 바르게
하고 면접이 끝나고 나갈 때도 반드시 인사를 하고 나가야 한다. 인사말
은 끝을 흐리지 말고 명료하게 말해야 한다. 다음 인사 순서를 익혀두면
좋다.

문 열기

걸어 들어가
인사하기

의자에 앉기

질문에 답하기

마무리 인사하기

뒤돌아서
걸어 나가기

인사하는 순서

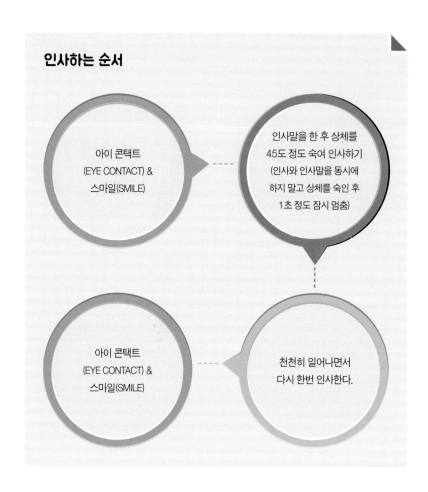

아이 콘택트
(EYE CONTACT) &
스마일(SMILE)

인사말을 한 후 상체를
45도 정도 숙여 인사하기
(인사와 인사말을 동시에
하지 말고 상체를 숙인 후
1초 정도 잠시 멈춤)

아이 콘택트
(EYE CONTACT) &
스마일(SMILE)

천천히 일어나면서
다시 한번 인사한다.

04

너무 짧은 답변을 삼가라

    면접에서 학생들이 숱하게 범하는 오류는 너무 짧게 답변한다는 데 있다. 면접시간은 제한돼 있다. 면접위원의 질문에 답변을 잘하는 것이 중요하니 불필요한 준비(삼행시 등)는 하지 않아도 된다.

    또한, 질문에 대해 말문이 막히는 현상은 준비 부족이 원인이다. 콘텐츠가 있어야 길게 답변할 수 있는 것이다. 고등학교 홈페이지의 내용을 숙지하고, 면접 기출문제를 참고하여 모의면접을 반복하는 것이 면접 고득점의 비결임을 명심하자.

05

불필요한 몸짓은 삼가라

　면접장에서는 안정되고 바른 자세로 앉는 것이 면접의 기본이다. 지나친 긴장으로 불필요한 몸짓은 피해야 한다. 다리는 편하게 모으고 두 손은 무릎 위에 힘을 뺀 상태로 손바닥을 아래쪽으로 둔다. 허리는 의자 등받침에서 약간 띄워주는 것이 좋다. 등을 곧게 세우고 머리는 몸통과 일직선이 되도록 한다. 두 발이 평행이 되도록 하고 많이 벌어지지 않도록 주의한다.

　한숨 쉬기, 코 훌쩍이기, 손이나 머리 만지기, 다리 떨기, 몸 흔들거리기, 넥타이·옷 만지기, 팔짱끼기, 허리에 손 얹기 등 산만한 인상을 주는 불필요한 행동으로 평가자의 시선을 분산시켜서는 안 된다. 다만, 중간

중간에 고개를 끄덕이는 등의 행동을 보여 관심을 표현하여 평가자의 말에 귀 기울이고 있음을 보여주는 것은 좋다.

06

면접장 규칙에 벗어나는 언행을 삼가라

　면접 대기장도 면접장이라고 생각하고 자신의 순서가 올 때까지 정숙하게 대기해야 한다. 면접장에 들어가서 지원자가 임의대로 할 수 있는 일은 거의 없다. 정해진 면접 규칙을 준수해야 하는 일만 남는다. 면접 일자, 시간, 순서를 변경할 수 없으며, 질문을 선택할 수 있는 권한도 없다. 즉, 제한된 시간이나 조건을 잘 지켜야 합격할 수 있다.

　다만, 예상하지 못한 질문에 당황하지 말고, 이해가 되지 않는 질문은 다시 질문하자. "질문을 다시 한 번만 말씀해 주십시오.", "저는 질문을 이렇게 이해했는데 이에 대하여 말씀드리면 되겠습니까?"와 같이 자신의 의사를 정확하게 이야기해야 한다. 질문을 잘못 이해하고 잘못된 답변을 한다면 좋은 점수를 기대할 수 없기 때문이다. 이처럼 질문을 올바로 이해하고자 하는 행동들은 일반적으로 감점의 요인이 되지 않는다.

평소 생각해보지 않은 질문일 경우, 당황하지 말고 본인이 답변을 찾아내기 위해 동원한 사고과정, 접근방법 등을 소개하는 것도 대안일 수 있다. 제시문이 있는 경우 출제자가 묻고자 하는 것이 무엇인지 고민해 보자.

07

외운 것을
그대로 말하는 것을 삼가라

 자기주도학습전형 면접평가는 질문에 대한 정답만을 기대하지 않으며, 지원자의 논리적 사고력이 어떻게 전개되고 있는가에 대한 과정중심 평가를 중시한다. 특히, 자소서와 학생부 등 서류를 확인하는 '서류기반 면접'에서는 정답이 없다. 이 때문에 외운 것을 그대로 말할 이유가 없다. 외워서 말하는 것처럼 보이면 좋은 평가를 받기 어렵다. 문장을 통째로 외워서 말하기보다는 '키워드' 중심으로 자연스럽게 말하는 연습을 하면 도움이 된다.

 자신이 제출한 서류를 면접 전에 검토하고 예상 질문을 준비해보자. 내가 작성한 서류지만 꼼꼼히 공부하자. 학생부, 자소서를 충분히 검토하고 예상 질문과 답변을 작성해보자. 자신이 작성한 서류의 내용은 알고 있어야 한다. 기억나지 않는다거나, 전혀 다른 답변을 한다면 좋은 평가를 받을 수 없다.

다시 한 번 강조한다. 암기한 것을 녹음기 틀 듯, 외운 것처럼 말하지 말자. 또한, 본인도 모르는 어려운 어른의 말투와 용어를 피하자. 친구와 동생도 이해할 수 있게, 본인 생각을 쉽게 표현해야 한다.

PART
6

면접,
핵심 질문들

01

지원동기

    자소서에서 지원동기는 핵심 내용이다. 우리 고등학교, 우리 학과에 들어오려는 이유는 평가자가 가장 궁금해 하는 내용이기 때문이다. 마찬가지로 면접에서도 핵심 질문은 '어쩌다'가 아닌 '왜'가 명확하게 언급된 지원동기다. 이때 자신의 적성이나 흥미가 지원 고등학교와 학과에 어떤 연관이 있는지, 자신이 고등학교에서 필요로 하는 인재상과 부합되는지를 분명히 드러내면 좋다. 특히 전공 분야에 대한 관심과 열정을 구체적으로 서술해 주는 것이 좋다. 지원동기는 지원한 전공을 위해 노력한 과정을 연계해서 말해야 하며, 고등학교 입학 후의 학업계획을 염두해 두고 말하는 것이 좋다.

지원동기 결론의 전형적인 루틴은 '~하기로 했습니다. ~하겠습니다. ~할 것입니다.'와 같은 일명 '다짐체, 선언체' 방식이다. 평가자 입장에서는 지원자의 일방적인 다짐과 선언을 평가하기는 어렵다. 이보다는 구체적으로 어떻게 하겠다는 'How'를 언급해야 한다. 다만, 중학교 때 지원 고등학교와 관련된 노력한 과정을 구체적으로 말한 후 이러한 열정을 지원 고등학교 입학 후에도 적용하겠다는 다짐은 괜찮다. 또한 교내 활동을 통해 느낀 점을 어떻게 고등학교에서 펼치겠다는 다짐도 좋다. 두 가지 사례 모두 구체적인 활동 후의 느낀 점을 행동과 실천으로 적용하겠다는 다짐이기 때문이다. 하지만 앞에 구체적인 'How' 없이 뜬금없이 다짐하고 선언하는 것은 생뚱맞다.

　지원동기는 지원 고등학교의 지원동기와 지원 학과의 지원동기를 포함한다. 하지만 왜 이 '고등학교'인가의 답변이 궁색한 학생이 많다. 성적에 맞춰서 지원했다는 불편한 진실을 면접관 앞에서 말하기 어렵다면, 다음 다섯 가지 방법을 권한다.

❶ 지원한 고등학교만의 특징과 장점
❷ 지원한 전공(학과) 관심도
❸ 지원한 전공(학과) 관련 교육과정
❹ 지원한 전공(학과) 관련 진로 및 진학 프로그램
❺ 언론, 외부기관, 재학생, 졸업생 등의 평판

지원동기 작성 방법

1. 지원동기를 명확히 한다. 추상적이고 막연하게 쓰지 말자. 지원 고등학교 및 지원 전공 선택 이유를 막연히 좋아서라기보다 지속해서 관심을 갖고 있었음을 언급하고, 참신하고 구체적으로 표현한다.

2. 지원한 뚜렷한 동기를 설득력 있게 구체적으로 전달하되, 신변잡기나 일상에 많은 의미를 부여하여 말하지 말자. 요컨대 작은 경험에 큰 의미를 부여하지 않는다.

3. 상투적인 지원동기는 지양한다. 예를 들어 과학고등학교를 지원하는 학생이 어릴 적에 레고나 과학상자를 조립해보며 공학자의 꿈을 키웠다는 이야기는 흔한 클리셰. 식상하고 상투적인 지원동기는 평가자의 주목을 끌기 어렵기 때문이다. 같은 원리로 '정의란 무엇인가', '이기적 유전자', '과학콘서트', '지도 밖으로 행군하라' 등의 스테디셀러에 영향을 받아 지원했다는 스토리는 논지 이탈은 아니지만 그동안 지원자들이 숱하게 언급한 책이어서 신선한 글감은 아니다.

4. 거창한 지원동기는 지양한다. 예를 들어 '세계 평화, 민주주의 발전, 의학 발전, 노벨상 수상'을 위해 지원했다는 이야기는 추상적일 뿐만 아니라 평가하기 어렵다. 학교 수업시간, 독서, 매체 등을 통해서 영감을 받았다면 그 내용을 구체화하여 말하는 것이 설득력이 있다.

5. 지원 고등학교에 관한 지원동기도 준비하고, 지원 고등학교 '전형유형'에 관한 완벽한 이해를 바탕으로 지원동기에 언급하는 것도 괜찮다.

6. 전공(학과)에 관한 애정과 열정을 적극적으로 표현하자. 전공에 미친 사람임을 증명하라!

7. 지원 고등학교의 홈페이지를 숙지하여 최근 소식을 알아보자.

8. 학생부의 1, 2, 3학년 진로희망 내용을 꼭 확인하고 가자. 진로희망이 바뀌는 것은 상관없지만, 바뀐 이유를 준비해야 한다. 학년이 올라갈수록 진로희망은 구체적으로 말해야한다. 예) 의사 - 외과의사 - 흉부외과의사

9. 지원 고등학교에서 요구하는 '인재상'과 연계한 지원동기를 언급한다. 지원동기가 모집단위와 융화가 되는지, 모집단위와 연계가 되는지, 모집단위에 지속적으로 관심을 가지고 그와 관련된 활동을 했는지를 중심으로 말한다.

10. 지원 모집단위에서 수학하기 위해 준비한 과정을 중심으로 말하자.

02

지원 전공 관련
노력한 과정

지원동기와 노력한 과정은 학교활동과 연계해서 구체적으로 설득력 있게 말해야 한다. 지원동기가 'WHY'라면, 노력한 과정은 'HOW'나 'HOW MUCH'에 해당한다. 즉, 지원동기가 '왜' 우리 고등학교인지라면 노력한 과정은 그래서 '어떻게' 준비했고, '얼마나' 노력했는지를 묻는 것이다.

면접관은 시간의 흐름에 따라 중학생의 진로 희망이 변경될 수 있다는 점을 충분히 이해한다. 하지만 최종적으로 지원한 고등학교를 왜 선택했는지, 자신이 어떤 의미에서 해당 고등학교에 적합한 인재인지, 앞으로 자신이 가려 하는 진로에 해당 고등학교가 어떤 영향을 미칠 것이라 기대하는지 등에 대해 알고 싶어 한다. 만약 진로 희망이 변경되어 자신의 활동 경험과 지원 고등학교와 일치하지 않는 경우라면 '왜 이 고등학교를 선택했는지' 듣는 사람이 충분히 이해할 수 있을 만큼 구체적으로 말해야 한다.

중학교 시절 진로를 위해 노력한 부분을 솔직히 말하면 된다. 지원 고등학교와 전공 관련 진로 설계와 탐색 과정이 그것이다. 직업체험, 현장체험, 체험학습, 선문가 진로·직업 특강, 졸업생 멘토와의 대화, 전공과 관련된 봉사 활동·동아리 활동 등이 해당된다. 교과수업과 교과연계활동에도 지원전공과 관련한 내용이 있다면 전공과 연계해서 설명하면 된다.

03

학업계획과 진로계획

　먼저 학업계획은 교육과정을 그대로 단순나열하면 안 된다. 지원 고등학교 홈페이지를 찾아 배우고 싶은 전공 2~3개를 골라 그 과목의 특징과 배우고 싶은 이유를 지원동기와 연계해서 구체적으로 말하면 된다.

　지원 고등학교 입학 후의 학업계획은 진로목표, 지원동기와 일관성이 있어야 하며, 지원 모집단위에서 배우는 내용에 대한 정확한 이해를 하고 답변해야 한다. 학업목표를 언급하려면 이를 실현하기 위해 구체적인 실천 기간 및 방법도 제시해야 한다. 지원분야의 직업세계와 관련된 능력 함양에 기반한 계획, 실현 가능한 계획이 구체적으로 드러나야 한다.

　모집단위에서 배우는 내용에 대한 이해가 기반하지 않은 계획, 진로목표와 관련 없는 계획, 지원동기와 관련 없는 계획, 실현 가능성이 없거나 막연한 계획은 좋은 평가를 받기 어렵다. 동아리, 봉사 등 비교과 활동도 고등학교 홈페이지를 통해 실현 가능성을 검토하고 답변해야 한다.

졸업 후의 진로계획도 마찬가지다. 전공 관련한 학업이 중심이 되지 않고 졸업 후 다른 분야 진로계획을 강조하면 안 된다. 진로계획은 '-하기로 했다', '-가 되겠다'는 다짐과 선언보다는 'HOW', 즉 어떻게 하겠다는 구체적인 내용이 뒷받침돼야 한다. 예를 들어 도서관 사서가 되겠다는 다짐과 더불어 사서가 돼서 어떻게, 어떤 활동을 할 것인지 생동감 있고 깊이 있게 보여줘야 한다.

04

독서활동

　학생부 독서활동에는 느낀 점을 제외하고 저자와 제목만 기재하기 때문에 중요하지 않다고 판단할 수 있다. 하지만 자소서와 면접에서 독서역량은 여전히 단골 질문 문항이므로 자신에게 가장 큰 영향을 준 책 3권 정도는 정리해 두는 것이 좋다. 독서활동 준비는 전공과 관련된 교양도서와 심화도서 그리고 융·복합적 능력이 돋보이는 다양한 분야의 지적 호기심과 관련된 도서로 준비하면 좋다. '전공, 호기심, 다양성', '전공, 진로, 선호'의 유형으로 분류도 가능하다. 단순한 내용 요약이나 감상이 아니라, 읽게 된 계기, 책에 대한 평가, 자신에게 준 영향을 중심으로 준비하면 된다. 가장 인상적인 부분과 이에 대한 평가는 저자의 주장에 대해 본인의 찬성, 반대를 소신껏 밝히고 그 근거를 논리적으로 말하면 된다. 주장은 본인의 취향과 감상일 뿐이어서 근거의 정합성만을 평가하니 두려워할 필요 없다.

　독서활동에서는 자기주도적 도서선별 능력이 중요하다. 예를 들어, 〈새빨간 거짓말, 통계〉를 읽고 어떤 점을 느꼈다고 쓰기보다는, 코로나 관련 신문기사를 읽은 후 통계의 오류에 호기심이 생겨 이 책을 읽었다고 말하면 자기주도적 도서선별 능력이 더 돋보인다. 그 다음엔 관련 독서 이력을 확장하는 것이 좋다. 〈새빨간 거짓말, 통계〉를 읽은 뒤 〈통계의 미학〉, 〈괴짜 통계학〉과 같은 책으로 관련 분야에 대한 끊임없는 독서활동을 한 후에 기초 통계학 분야 책으로 독서 이력이 점프하는 식이다. 도서 위계 수준은 맞춰서 답변하는 것이 중요하다. 제대로 된 독서활동을 한 지원자를 싫어하는 고등학교는 거의 없다. 다만, 읽지 않은 책과 제대로 이해하지 못한 책은 면접을 통해 검증한다는 사실을 명심하자.

　면접에서 유용한 책을 선별하는 건 우습지만, 피했으면 하는 책에는 두 가지 종류가 있다. 첫째, 베스트셀러, 스테디셀러류의 유명한 책이다. 자연계 학생들이 '이기적 유전자'를 말하는 건 이기적이고, 인문계 학생들이 '정의란 무엇인가'를 말하는 건 정의롭지 못하다는 우스갯소리가 있다. 이런 책의 영향을 받아 지원했다는 스토리텔링은 지원자들이 숱하게 언급하는 책이어서 식상하다. 둘째, 마르크스의 '자본론', 사마천의 '사기 완역본' 등의 어려운 책이다. 학생 수준에서 완독하거나 이해했다고 믿기 어려운 책이다.

05

장점과 단점

장점과 단점은 시대와 상황에 따라 다르게 해석되는 경우가 종종 있다. 강점과 약점으로 바꾸어 쓰는 것이 맞다. 자소서와 면접에서 약점을 물을 때는 자신의 강점에 비해 부족한 부분이 무엇인지 말하고 자신에 대한 긍정적인 자각을 바탕으로 발전계획 또는 개선계획을 제시해야 한다.

면접에서 약점 말하기 첫째 유형은 사소한 약점을 언급하고 고치려고 노력 중이라고 말하는 방식이다. 둘째, '개선된 약점', 즉 이전의 약점을 개선, 보완했다는 점을 강조하면 된다. 셋째, '강점 같은 약점'을 언급하면 된다. 성격이 너무 꼼꼼해서 일처리는 확실하지만 주변 사람을 힘들게 한다거나 한 가지에 집중하면 주변을 못 살핀다는 식이면 된다.

장점과 단점은
관념의 차이다.
어떻게 의미를
부여하느냐에 달렸다.

- 알프레트 아들러

　유의할 점은 솔직함이 지나쳐 치명적인 약점을 군이 말할 필요가 없다
는 점이다. 특히, 전공과 관련한 치명적인 약점은 지양하자. 예를 들어 생
명과학 분야 과학자를 꿈꾸는 지원자가 집중력과 끈기가 부족하다고 말
하는 경우다. 다혈질이라 분노조절이 가끔 안 된다거나 가출경험을 지나
치게 강조하는 등 단점을 장황하게 말하는 것은 과유불급이다. 솔직한 것
도 좋지만 용어를 가려서 말하자. 10분 내외의 짧은 면접 시간 안에 지원
자의 치명적인 약점에 공감할 평가자는 그리 많지 않다.

　너무 흔한 강점의 경우도 차별화가 되지 않는다. '저는 근면과 성실이
장점입니다.', '저의 강점은 인내심입니다.'라는 식의 답변은 면접관이 지
겹도록 듣기 때문이다.

06

역경 극복 사례

'역경 극복 사례와 지원자의 교육환경이 성장에 미친 영향'은 지원자가 겪은 경험의 어려움 정도를 평가하는 것이 아니라 그 극복 과정과 노력을 보려고 하는 데 방점이 있다. 하지만 학생들은 자신이 경험한 만큼 보기 마련이다. 성적이 떨어져서 힘들었다는 식의 역경을 말하곤 한다. 면접관 입장에서는 공감되지도 않고 진부한 스토리텔링일 뿐이다.

이 질문 항목의 핵심은 지원자가 역경을 통해 어떻게 생각과 행동이 변했고 성장했는지가 궁금한 것이다. 즉, 역경 이전의 자신과 이후의 자신을 비교해서 변하고 나아진 점을 힘주어 말하면 된다.

07

지원자를
선발해야 하는 이유

지원자의 특성과 장점은 학생부에 기재된 내용만으로 충분하지 않으므로 생각되는 활동 등을 자유롭게 말하는 것이 좋다. 지원 고등학교의 전통과 역사나 지원자와 지원 고등학교와의 인연은 별 도움이 안 된다. 지원자를 선발해야 할 만큼 어떤 면에서 지원자가 우수한 인재인지를 드러내야 한다. 특히, 인재상의 단순 나열보다는 인재상에 해당하는 실제 사례를 말하는 것이 설득력이 있다. 예를 들어 ○○자사고를 지원한다면 "저는 ○○자사고의 인재상 중에 하나인 '정의로운 리더'에 걸맞은 인재이기 때문에 선발돼야 합니다."라고 인재상 문구를 직접 드러내는 것은 평가하기 어려운 선언에 불과하다. 오히려 학생회장을 맡아서 임원 선발할 때 후배의 청탁을 거절한 사례로 리더의 중요한 덕목인 공정성을 간접적

으로 드러내는 것이 돋보이는 화법이다.

절대적 강점을 말하는 것도 한 방법이다. 지원한 경쟁자를 압도할 만한 본인의 교내활동을 말하면 된다. 사실 이런 사례는 매우 드물다.

상대적 강점을 어필하는 것도 괜찮다. 지원자들에게 없는 본인의 장점을 강조하는 방식이다. 일반적으로 지원자들의 내신과 스펙이 엇비슷하기 때문에 본인만의 상대적 강점은 더욱더 유용하다.

08

자기소개

　먼저 간략히 두세 가지 정도의 자존감이 묻어나는 자기소개를 한다. 이때 하나의 장점은 전공과 연계해서 답변하면 좋다. 그리고 '왜' 이 고등학교에 지원했는지 그리고 입학하기 위해 '어떻게' 노력했는지 지원동기와 입증할 수 있는 노력한 과정을 중학생이 생각할 수 있는 범위 내에서 구체적으로 답변하면 된다. 진로가 교사라면 좋은 교사가 되겠다는 다짐보다는 중학교 때 교과서 구성이 산만하다고 생각돼 편집을 새롭게 해봤다는 경험을 말하는 것이 면접관의 고개를 들게 만들 것이다. 여러 활동을 나열하기보다는 지원한 전공과 관련하여 중학교 3년 동안 지적 호기심이 생겨 머리에 전구가 들어오는 지적 희열의 경험을 담박하게 말해보자.

외운 티가 팍팍 나는 자기소개, 1분 30초가 넘는 긴 내용, 사자성어, 명언·명구, 속담, 삼행시, 자신을 동물에 비유하는 등은 식상하다. 학생부에 없는 내용을 거짓으로 말하거나 과대포장하는 것은 오히려 역효과가 난다.

09

마지막으로
하고 싶은 말

　고입 자기주도학습전형 면접의 마지막 질문은 '마지막으로 하고 싶은 말을 해보세요.'가 될 가능성이 높다. 앞 질문에서 자기소개, 지원동기, 장단점을 물어보지 않았다면 이 내용을 조합해서 답변할 마지막 기회다. 지원 고등학교와 전공에 관한 애정과 열정을 적극적으로 표현하면 된다. 그렇다고 '입학시켜주세요', '고교 홍보 전도사가 되겠습니다' 같은 아무 말 대잔치는 하지 말자. '삼행시', '명언, 명구, 속담, 사자성어' 등도 진부하다.

　중학교 3년 동안 지원전공 공부 때문에 가슴이 뛰었고, 그래서 몰입했다고 담대하게 말해보자. 전공에 미친 사람임을 증명하면 된다. 꼭 이 고등학교에 입학하겠다는 적극적인 의지를 밝히면 된다. 지원한 고등학교

관련한 언론 보도, 통계 수치, 전공 용어, 시사 이슈 등을 언급하는 것도
좋은 방법이다.

모의 면접

01

수험생 체크리스트

자기소개서 작성 시 참고사항	YES	NO
이름이나 출신 중학교명이 포함되었나요?	☐	☐
이름이나 출신 중학교명을 활용한 단어가 사용되었나요?	☐	☐
'0'점 처리 항목이 포함되었나요?	☐	☐
학교생활기록부에 기재할 수 없는 항목이 기재되었나요?	☐	☐
부모(친인척 포함)의 실명을 포함한 사회·경제적 지위를 암시하는 내용이 기재되었나요?	☐	☐

면접 시 점검내용	YES	NO
블라인드 면접 유의사항을 숙지했나요?	□	□
면접 시 착용 복장 규정을 확인하였나요?	□	□
준비한 자기소개에 이름, 수험번호, 출신 중학교명을 제외했나요?	□	□

02

학생부 항목과
자기주도학습전형 평가요소 매칭

평가 요소	평가항목	3. 수상경력	5. 창의적 체험활동상황 (자·동·봉·진)	6. 교과학습 발달상황 (성적&세특)	7. 독서 활동상황	8. 행동특성 및 종합의견
학업역량	학업성취도					
	학업태도 및 의지					
	탐구역량					
전공적합성	전공 관련 교과목 이수 및 성취도					
	전공에 대한 관심과 이해도					

	전공 관련 활동과 경험					
인성 / 사회성	협업능력 / 소통능력					
	나눔과 배려/ 도덕성					
	리더십					
	성실성 / 학교 생활충실도					
발전가능성	자기주도성					
	문제해결력					
	경험의 다양성					

03
자기주도학습전형 평가요소를 매칭한 면접 문항

■ **학업역량**

• 학교생활 중 가장 열정적으로 임했던 교과활동은 무엇이며 이를 통해 어떤 점을 배웠나요?

• 중학교 재학 중 좋은 성적을 유지한 자신만의 공부 방법은 무엇입니까?

• 성적이 많이 향상 되었다고 하였는데, 그 계기는 무엇이며 성적 향상을 위해 어떠한 노력을 하였습니까? 특별한 전략이나 방법이 있었습니까?

• (학생회장, 동아리 등) 다양한 활동을 하면서 좋은 성적을 유지하기는 쉽지 않았을 텐데 어떻게 시간 관리를 했습니까?

- 성과 또는 결과물과 관계없이, 본인이 중학교생활 중 가장 열정적으로 참여(공부)한 활동(과목)은 무엇이었고, 구체적으로 어떠한 활동을(공부를) 했는지 말해보세요.
- ○○○○대회에 입상한 기록이 있는데, 대회 준비과정부터 결과물(발표내용)을 구체적으로 설명해보세요.
- 교실 멘토 활동을 했는데, 어떤 과목을 가르쳤나요? 어떠한 방법으로 친구들과 공부를 했는지 간단히 설명해보세요.
- ○○ 탐구보고서를 작성했는데 이 보고서의 내용과 결론을 간단하게 설명해보세요.
- 사교육의 도움 없이 공교육과 자기주도학습을 통해서 학력을 신장시킨 것으로 평가되어 있습니다. 자기주도학습에서 가장 어려웠던 점은 무엇이고 어떻게 극복하였나요?
- 성적과 상관없이 자신이 좋아하는 교과목은 무엇이며 그 이유는 무엇인가요?
- 중학교 시절 가장 좋아한 교과목과 가장 싫어한 교과목은 무엇이며, 그 과목을 왜 좋아하게 됐고 싫어하게 되었는지 말해보세요.
- 과학실험대회에서 최우수상을 탔는데, 어떤 실험이었나요? 결과는 어땠나요?

■ 전공적합성

- 1학년 수학 수업에서 발표를 하여 친구들의 좋은 호응을 받았다고 했는데, 어떤 점을 인정받은 것이며 그 활동을 통해서 얻은 점을 말해보세요.

- 과학탐구보고서 발표로 최우수상을 수상했는데, 본인이 다른 경쟁자들보다 좋은 평가를 받았던 가장 큰 이유는 무엇인가요? 지금 다시 그 활동을 한다면 어떤 점을 보완하고 싶은지 말해보세요.

- 본인이 반드시 지금의 전공을 선택해야 하는 이유는 무엇인가요?

- 지원자는 자연과학을 전공하기 위해서는 인문학적 소양이 중요하다고 했는데, 그렇게 생각하게 된 계기는 무엇이며, 인문학적 소양을 쌓기 위해 구체적으로 어떤 노력을 하였는지 말해보세요.

- 지원 모집단위에 지원한 동기는 무엇인가요?

- 희망 진로 탐색 과정에서 어떤 노력을 해왔나요?

- 장래희망이 ○○라고 했는데, ○○에게 가장 필요한 자질은 무엇이라고 생각하십니까? 고등학생이 되면 그러한 자질을 갖추기 위해 어떠한 노력을 할 계획입니까?

- 앞으로 ○○가 되고 싶다고 했는데, 현재 그 분야에 본받고 싶은 '롤모델(role model)'이 있습니까? 있다면 그 분의 어떠한 점을 닮고 싶습니까?

- 장래희망이 ○○라고 했는데 더욱 구체적으로 앞으로 어떤 프로그램(회사, 광고 등)을 만드는 ○○가 되고 싶습니까? 이를 위해 고등학교 기간 어떻게 준비를 할 계획입니까?

- 진로희망이 외교관에서 상담심리사로 변경되었고, 최종적으로 영어과에 지원했는데, 지원동기에 대하여 설명해보세요.

- 학교생활기록부와 자기소개서에 상래희망이 ○○○이라고 기록되어 있다. ○○○이 구체적으로 어떤 일을 하는지, ○○○이 되기 위해서는 고등학교에서 무엇을 준비해야 하는지 알고 있는 대로 말해보세요.

- 지원전공 또는 학과에 대한 정보는 주로 어떻게 얻었으며, 가장 최근에 얻은 정보에 대해 말해보세요.
- ○○고등학교의 교과과정을 아는 대로 말해보세요.
- 본인이 생각하는 미래의 희망직업은 무엇입니까? 왜 그것을 희망직업으로 택하려고 하는지를 말해보세요.
- 자신의 일생 동안 한 번쯤 꼭 도전해 보고 싶은 일은 무엇인지, 그것을 이루기 위해 어떤 노력을 기울일 것인지 말해보세요.

■ 인성/사회성

- 무단결석이 3회 있는데, 어떤 특별한 이유가 있었나요? 무단결석한 것이 본인의 학교생활에 어떤 지장을 주었나요?
- 칭찬상을 두 번 수상하였는데, 어떤 상황에서 받게 된 상이며 수상 전후에 마음가짐이나 행동에 바뀐 점이 있다면 무엇인가요?
- 기숙사 생활에서 갈등상황을 해결했다고 했는데, 그 상황 이전에 본인이 어떻게 행동했다면 그 갈등상황이 발생하지 않았을 것이라 생각하나요?
- 봉사동아리에 참여하게 된 계기는 무엇이며, 가장 의미 있었던 활동과 그 활동에서 본인의 역할이 무엇이었는지 말해보세요.
- 특수반 학생 도우미 활동을 통해서 본인이 가장 얻었다고 생각하는 점은 무엇이며, 그 특수반 학생과 나눈 대화 중 가장 기억에 남은 말과 그 이유는 무엇인가요?
- 2학년 담임 선생님께서 지원자를 학교에서 가장 귀감이 되는 학생으로 언급해 주었는데, 본인의 어떠한 점을 평가받았다고 생각하며, 본

인의 활동으로 인해 학우들이나 학교에 어떤 플러스가 되었다고 생각하나요?

- 동아리장으로 일하면서 힘들었던 점은 무엇이었으며 어떻게 극복했나요?

- ○○봉사활동에서 주로 어떤 일을 했으며 배운 점은 무엇인가요?

- ○○에서 봉사했다고 했는데, 그러한 봉사를 하게 된 계기는 무엇이며 구체적으로 어떠한 봉사를 했습니까?

- 봉사활동을 하면서 가장 기억에 남는 것은 무엇입니까? 그 이유는 무엇입니까?

- 봉사활동을 통해 무엇을 배웠다고 생각합니까?

- 봉사활동을 하면서 자신에게 가장 달라진 점은 무엇이라고 생각합니까?

- 봉사활동이 자신의 생각이나 가치관, 습관 등에 어떠한 영향을 미쳤다고 생각합니까? 왜 그렇습니까?

- 봉사활동을 아주 많이 했는데 학업과 병행하기에 힘든 점은 없었는지 말해보세요.

- 봉사활동 내역 중 가장 의미 있었던 활동은 무엇이며, 본인이 생각하는 봉사의 의미에 대해 말해 보세요.

- 봉사활동 시간이 총 ○○시간으로 기록되어 있습니다. 고등학교 입학 전형에 봉사활동을 반영하는 것에 대한 본인의 생각을 말해보세요.

- 요양병원 봉사를 꾸준히 하였는데, 본인은 어떤 활동을 했으며, 그것을 통해 무엇을 느꼈나요?

■ 발전가능성

- 반장에 입후보한 이유는 무엇인가요? 반장 활동을 하면서 가장 어려 웠던 점 혹은 본인의 한계라고 느낀 점이 있다면 무엇이고 어떻게 극 복했나요?

- 선생님이 지원자를 자기주도성이 강하다고 평가하였는데, 본인의 어 떤 점에 대해 그렇게 평가했다고 생각하나요?

- 3년간 같은 동아리 활동을 한 이유는 무엇이며, 그것이 본인의 어떤 점을 성장시켰다고 생각하나요?

- 지원자의 꿈은 교사인데, 어떤 교사가 좋은 교사라고 생각하나요? 그 런 자질을 어떻게 기를 수 있으며 어떤 노력을 해 왔나요?

- 수업 시간에 질문이 많은 학생으로 작성되어 있는데, 질문을 많이 하 게 된 이유는 무엇이며 특히 기억에 남는 질문이 있나요?

- 임원으로 일하면서 가장 기억에 남는 일은 무엇입니까?

- 임원으로 일하면서 가장 어려웠던 점(일)은 무엇이었으며 이를 어떻 게 해결하였습니까?

- 임원으로 활동하면서 무엇을 배웠다고 생각하십니까?

- 임원으로 활동하면서 자신에게 부족했던 점은 무엇이라고 느꼈습니 까? 그것을 어떻게 극복했습니까?

- 임원으로 활동하기 전과 후의 자신의 모습을 비교하였을 때 임원활 동을 하면서 무엇이 가장 많이 달라졌다고 생각하십니까?

- 학교생활을 하면서 좋아하지 않는 사람과 좋은 관계를 유지해야 했 던 경험이 있다면 말해보세요.

- 지금까지 생활하면서 규칙이나 절차를 어긴 적이 있거나 또는 원칙

을 고집한 적이 있다면, 그 상황과 결과를 말해보세요.

- 과학반 활동에서 조장으로서 조원들의 이견을 조율하고 조직을 이끌어가는 데 필요한 통솔력과 안목을 키웠다고 했는데, 그에 대한 구체적 예시를 말해보세요.
- 학교생활기록부와 자기소개서에 [반장, 부반장, 동아리 회장, 부회장] 등의 역할을 경험한 것으로 기록되어 있습니다. 리더와 조력자 중 본인은 어느 쪽에 더 적합하다고 생각하는지 말해보세요.
- 고교생활 중 리더로서 활동을 많이 했는데, 그 중 자신의 리더십을 가장 잘 보여 주는 사례를 말해보세요.

04

모의 면접의 실제

1. 모의면접을 통한 실전 면접 연습

- 지원 고등학교 유형이 같은 친구와 함께

- 반복적으로 꾸준히 연습

2. 거울 보며 연습하기

- 표정 및 시선처리

3. 면접 상황을 녹음 또는 녹화

- 나도 모르는 나의 버릇 확인

4. 반드시 어른(선생님, 부모님 등) 앞에서 교정 받기

5. 학교생활기록부 내용 꼼꼼히 공부
- 학생부 3번, 5번, 6번, 7번, 8번 가장 중요
- 면접관들은 서류 내용 이미 파악 완료
- 구체적이고 세부적으로 답변 준비
- 장황하지 않게 핵심과 실제 활동, 배우고 느낀 점 위주 정리

6. 예상질문과 답안지 만들기
- 내가 면접관이라면?

7. 주요 활동(키워드) 위주 정리
- 구구절절 문장으로 적어 외우지 않기

8. 학생부, 자소서 바탕으로 면접 질문 100개 선정
- 학생부, 자소서 완벽하게 숙지하기
- 학생부에서 학업역량(25문항), 전공적합성(25문항), 사회성(25문항), 발전가능성(25문항) 면접 질문 선별

■ 모의 면접 예상 질문 만들기 [1] 진로희망

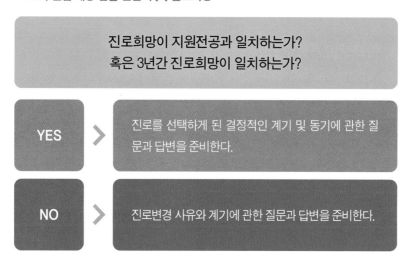

진로희망이 지원전공과 일치하는가?
혹은 3년간 진로희망이 일치하는가?

YES > 진로를 선택하게 된 결정적인 계기 및 동기에 관한 질문과 답변을 준비한다.

NO > 진로변경 사유와 계기에 관한 질문과 답변을 준비한다.

■ 모의면접 예상 질문 만들기 [2] 창의적 체험활동 상황

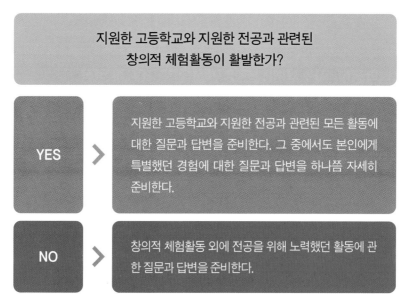

지원한 고등학교와 지원한 전공과 관련된
창의적 체험활동이 활발한가?

YES > 지원한 고등학교와 지원한 전공과 관련된 모든 활동에 대한 질문과 답변을 준비한다. 그 중에서도 본인에게 특별했던 경험에 대한 질문과 답변을 하나쯤 자세히 준비한다.

NO > 창의적 체험활동 외에 전공을 위해 노력했던 활동에 관한 질문과 답변을 준비한다.

■ 모의면접 예상 질문 만들기 [3] 교과학습 발달 상황

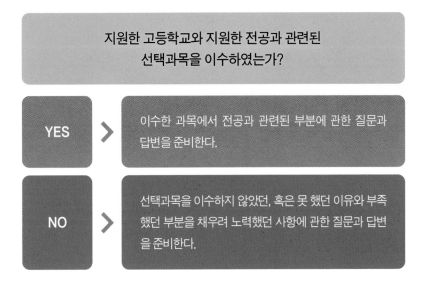

지원한 고등학교와 지원한 전공과 관련된
선택과목을 이수하였는가?

YES > 이수한 과목에서 전공과 관련된 부분에 관한 질문과 답변을 준비한다.

NO > 선택과목을 이수하지 않았던, 혹은 못 했던 이유와 부족했던 부분을 채우려 노력했던 사항에 관한 질문과 답변을 준비한다.

■ 모의면접 예상 질문 만들기 [4] 세부능력 및 특기사항

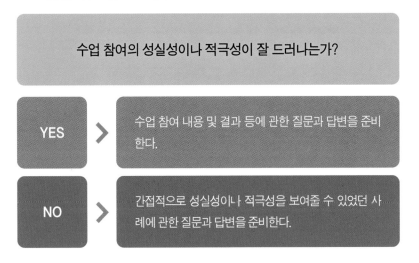

수업 참여의 성실성이나 적극성이 잘 드러나는가?

YES > 수업 참여 내용 및 결과 등에 관한 질문과 답변을 준비한다.

NO > 간접적으로 성실성이나 적극성을 보여줄 수 있었던 사례에 관한 질문과 답변을 준비한다.

봉사활동 시간은 평균 정도인가?
혹은 한 기관에서 꾸준한 활동을 하였는가?

YES > 봉사를 하며 느꼈던 경험과 느꼈던 점에 관한 질문과 답변을 준비한다.
한 기관에서 꾸준한 봉사를 했던 계기와 동기, 경험에 관한 질문과 답변을 준비한다.

NO > 봉사활동을 하지 못 했던 사유와 본인의 배려심, 봉사정신 등을 드러낼 수 있는 활동에 관한 질문과 답변을 준비한다.

PART
8

말하기 기법
(이론)

01

'동기-과정-결과(동과결)'
기법

학생부가 'TEXT'라면, 자소서와 면접은 학생부에 대한 맥락적 풀이인 'CONTEXT'다. 교사들이 활동의 결과 위주로 학생부를 기재하기 때문

에 자소서와 면접은 소형트럭에 이삿짐을 싣듯 '동기 - 과정 - 결과 - 의미 - 변화'의 순서로 차곡차곡 쌓아 나가면 된다. 이 과정을 압축해서 결과에 '의미 - 변화'를 포함하면, '동기(WHY) - 과정(HOW) - 결과(WHAT)' 말하기 기법이 된다. 예컨대, 지원자가 왜 이 동아리 활동을 했는지 이유를 말하고, 그 목표를 이루기 위해 어떻게 얼마나 노력했는지 과정을 설명하고, 그 결과는 무엇인지 말하는 매우 논리적인 구성 방식이다.

일명 '동과결' 말하기 기법은 말하기 울렁증에 빠진 학생들에게 쉽고 논리적으로 말하기 방법을 가르칠 수 있는 유용한 면접 화법이다. 동기 단계에는 '문제 상황, 활동의 계기와 배경, 일화', 즉 'WHY'를 말해야 하고, 그 다음에는 그 동기를 실현하기 위해 얼마나, 어떻게 노력했는지 'HOW'를 답변하면 된다. 이때 반드시 학생의 역할이 언급돼야 하는 점에 유의하자. 결과에는 '의미 - 변화'가 드러나야 한다. 결과는 학생부에 다 나와 있기 때문이다. 즉, 학생의 성장과 변화가 마지막 결과 'WHAT'에 들어간다면, '동과결' 말하기 기법은 면접관을 설득할 수 있는 강력한 힘을 발휘한다.

면접 이론 중 유명한 '카(CAR)' 말하기 기법도 '동과결'과 같은 방식이다.

'동과결' 말하기 기법 예시 1

동기 (WHY)	중학교 상위권인 성적만을 믿고 '고등학교에서도 어떻게든 잘하겠지' 하는 안일한 생각으로 최선을 다하지 않은 결과 1학년 1학기 성적이 좋지 않았습니다. 특히 자신 있었던 수학과 과학 과목에서조차 낮은 성적을 받아서 큰 충격을 받고 자신감도 잃었습니다. 제가 꿈꾸었던 고등학교 때의 모습과 너무 다른 저의 모습을 반성했고 이를 계기로 '자발적인 참여를 통해 재미있는 공부를 하자'를 구호로 삼아 열심히 노력하겠다고 다짐했습니다.
과정 (HOW)	이후 물리 시간에 '공학으로 드러난 창의력의 가치'를 주제로 자발적으로 발표를 했습니다. '상쇄간섭 시 에너지의 전환'과 같은 의문점을 자료 공부와 토론을 통해 해결하는 과정이 즐거웠습니다. 평소 생소했던 상대성이론 책과 태그마크 교수의 평행우주 특집기사도 찾아봤습니다.
결과 (WHAT)	이 경험을 통해 자연 현상을 설명해 주고 우리가 편리하게 사용하는 기기들의 이론적 배경이 되는 물리가 좋아졌습니다. 물리에 대한 제 지식이 대단히 얕다는 걸 알게 돼 더 열심히 공부하는 계기가 됐습니다. 생각을 바꾸고 공부가 좋아지자 물리는 정규수업 성적뿐만 아니라 교내경시대회에서도 좋은 성적으로 이어졌습니다.

'동과결' 말하기 기법 예시 2

동기 (WHY)	어릴 적 해외 생활을 하며 한국어를 익힐 수 있도록 집에는 항상 읽을 책이 풍부했습니다. 그 결과 독서를 좋아하고 다독하는 습관을 길렀습니다. 독서토론동아리에서 함께 생각을 확장하며 느낀 짜릿함과 독서에 대한 열정은 제1회 교육청 독서토론대회에 참가한 계기가 됐습니다.
과정 (HOW)	지정 도서인 『행복 스트레스』의 모든 문장에 의문을 제기하고 토론하며 여러 번 정독했습니다. 그러자 저자가 책에서 행복을 논하면서 정작 행복의 정의는 제시하지 않았다는 점을 찾아낼 수 있었습니다. 수많은 예와 반례를 통해 팀원과 행복의 정의를 '주관적 안녕감'이라고 자체적으로 내렸습니다. 창의성 측면에서 심사위원들에게 많은 호평을 받았습니다. 이후 우연히 읽게 된 『인간에 대하여 과학이 말해준 것들』에서의 행복의 정의가 저희가 내린 정의와 일치하는 것에 정말 놀랐습니다.
결과 (WHAT)	한편으로는 교수님께서 내리신 정의를 생각해 냈다는 것에 뿌듯함이 밀려왔습니다. 한 권의 책에 대해 고민하고 토론하는 데 고스란히 쓴 40시간은, 그 전까지 폭넓은 책을 읽는 '다독'을 해 왔던 제게 한 권의 책을 여러 번 읽는 '다독'도 중요하다는 것을 일깨워 줬습니다. 또한, 기존의 경쟁적 토론과 달리 '수용'이 중시됐던 독서토론을 하며, 다른 생각에도 열린 마음으로 합의하는 태도를 배울 수 있었습니다. 이 과정에서 서로의 허점을 함께 보완했고, 생각과 생각이 더해지면 더 완벽해진다는 것을 경험했습니다. 대학에서도 열린 태도로 학문에 힘쓰고, 뛰어난 지식 공동체 속에서 토론하며 성장하고 싶습니다.

'동과결' 말하기 기법 예시 3

동기 (WHY)	'가족'을 주제로 한 교내 UCC 대회에 참가해 저는 우리 팀의 총 책임을 맡게 돼 팀원들의 역할을 분담하고 제작 계획을 세웠습니다. 그러나 주제를 선정할 때부터 팀원들끼리 의견이 달랐고 촉박한 기한에 맞추다 보니 1차 시연 내용이 만족스럽지 않았습니다.
과정 (HOW)	'급할수록 돌아가라'는 격언을 생각하며 친구들의 의견을 모아 다시 제작하기로 했습니다. 공동제작인 만큼 의견수렴 과정을 거치고 이견을 조정해 나갔습니다. 세월호를 주제로 시나리오를 쓰고 촬영팀과 영상편집팀으로 나누어 역할을 분담했습니다. 두 번째 촬영이 마무리되고 수차례의 편집 과정을 통해 자막을 수정했습니다.
결과 (WHAT)	'다 주지 못한 엄마의 사랑이야기'를 제목으로 작품을 출품했고 최우수상을 받을 수 있었습니다. 이 활동을 통해 서로의 의견을 존중하고 수용하는 자세가 팀워크에서 중요한 덕목이라는 것을 배우게 됐습니다. 영상을 만들면서 의사소통과 협업의 중요성도 알게 됐습니다. 무엇보다 주장이 합리적이고 논리적이어야 상대방의 마음을 움직일 수 있다는 사실을 깨달았습니다.

'동과결' 말하기 기법 예시 **4**

동기 (WHY)	'지구촌 나눔 가족 희망편지 쓰기 대회'에 참가했습니다. 편지의 주인공은 ○○에 사는 '○○'이라는 소년이었습니다. 돌아가신 아버지를 대신해 채석장에서 돌을 깨고 있지만, 의사가 되겠다는 꿈을 위해 노력하는 소년이었습니다. 채석장에서 힘든 노동을 하지만 제대로 된 임금을 받지 못한다는 사실도 알게 됐습니다.
과정 (HOW)	이런 이유 때문에 친구들과 함께 만든 토론 동아리에서 '윤리적 기업'에 대해 자료를 조사하고 토론을 벌였습니다.
결과 (WHAT)	그 결과 아이들의 값싼 노동력을 착취해서 이윤을 남기는 기업은 결국 이윤을 떨어뜨리게 되고 지속가능한 발전을 위해서는 공정무역 제품에 대한 사회적 관심이 필요하다는 사실을 알게 됐습니다. 언젠가는 학교에 갈 수 있다는 희망을 품고 최선을 다하는 ○○의 모습은 부족한 것만 생각하고 살았던 저를 부끄럽게 만들었습니다. 더불어 따뜻한 응원의 메시지로 사랑을 전할 수 있어서 뿌듯했습니다. 이 경험을 계기로 아프리카 지역 신생아 모자뜨기와 세계 맑은 물 캠페인과 같은 이웃 나라 봉사활동에 참여하게 됐습니다. 또한 경영·경제와 관련된 다양한 시사 이슈를 선정하여 매주 토론하는 계기가 됐습니다.

'동과결' 말하기 기법 예시 5

동기 (WHY)	2학년 때 자율동아리 활동을 마무리하고 정리하여 발표하는 동아리 PPT 발표대회가 있었습니다. 1년 동안 활동한 내용을 PPT에 담아야 해서 정리해야 할 자료들이 많았습니다. 대회를 준비하는 데 시간이 촉박했기 때문에 급한 마음에 2~3명의 동아리 친구들과 모여 준비했습니다. 하지만 2~3명으로 준비하기에는 양이 많아 벅찼고 동아리원들과 역할을 분담해서 해야겠다고 생각했습니다.
과정 (HOW)	처음에는 동아리장인 제가 인위적으로 역할을 나누어 동아리원에게 통보를 했습니다. 그러나 자료를 정리해서 보내기로 한 날짜가 됐는데도 도착하지 않았습니다. 알고 보니 그 활동을 했을 때 빠졌던 팀원에게 활동에 대한 자료를 정리해 오라고 하는 등 동아리원을 고려하지 않고 역할 분담을 했던 것입니다. 문제점을 인지한 저는 동아리원과 회의를 통해 대화를 해 보기로 했습니다. 먼저 자신들에게 가장 기억에 남는 활동을 우선으로 선택하게 했고 선택한 활동에 대한 PPT 제작 자료를 만들어 오기로 했습니다. 또 PPT 제작에 흥미가 있는 학생에게 제작을 맡겼고 평소 모든 동아리 활동에 적극적으로 참여한 친구는 저와 함께 발표하기로 했습니다. 이렇게 서로 잘할 수 있는 역할을 선택하여 준비하니 PPT를 빠르게 제작할 수 있었고 발표 준비도 충분히 할 수 있었습니다.
결과 (WHAT)	그 결과 동아리 PPT 대회에서 최우수상을 받을 수 있었습니다. 동아리 발표대회 준비 과정에서 많은 것을 느끼고 깨달을 수 있었습니다. 급하다고 빠르게 혼자서 모든 것을 하려던 태도를 반성하게 됐습니다. 그리고 동아리장으로서 빠르게 일을 처리하기보다 동아리원의 상황을 고려하는 것이 먼저라는 것을 깨달았습니다. '빨리 가려면 혼자 가고 멀리 가려면 함께 가라'는 말이 있듯이 협력한다는 것이 얼마나 중요한지 알게 됐고 동아리원과 대화를 통해 문제를 해결했듯이 의사소통의 중요성을 알고 더 많은 소통을 하는 계기가 됐습니다.

카(CAR) 말하기 기법 기본 형식

카(CAR) 말하기 기법 예시

Context (상황, 배경)	저는 지역 아동 대상의 멘토링 봉사에서 중학교 1학년 학생에게 수학을 가르치게 됐습니다. 이 학생은 함수를 유독 어려워했습니다. '어떻게 하면 쉽게 이해시킬 수 있을까'라는 고민을 하던 중,
Action (행동, 태도)	일상생활에서 접할 수 있는 '자판기'의 예시를 생각해 냈습니다. 일정 금액(정의역)을 넣고 버튼을 누르면 음료(치역)가 나오는 자판기가 함수와 같다고 예시를 들자, 학생은 흥미를 보였습니다. 그 후로도 학생의 흥미를 고려하여 다양한 예시를 준비하며 스토리텔링 기법의 수학 수업을 진행했습니다.
Result (결과, 변화)	하다 보니, 봉사란 활동 중심이 아닌 사람과 사람의 만남이라는 사실을 깨달을 수 있었습니다. 또한 개념을 꼼꼼히 살피며 단순히 외워서 알고 있던 공식들의 증명 과정을 알아낼 수 있었으며, 주변에 스쳐 지나가는 사물들의 의미를 되새겨 보는 기회도 됐습니다. 이를 통해 봉사란 진심으로 나누어 준다면 저 또한 얻는 것이 있는 양방향성의 활동이라는 것을 배웠습니다.

02

'주장-근거-사례(주근사)' 기법

면접 말하기 기법은 앞에서 언급했던 '동기 - 과정 - 결과' 형식의 '일반

형 말하기' 기법과 '주장 - 근거 - 사례' 형식의 '논증형 말하기' 기법으로 크

게 분류할 수 있다.

면접 평가에는 논증을 요구하는 문항이 있기 때문에 주장을 한 후 적합한 논거를 드는 연습을 부단히 해야 한다. 근거는 '-은/는 ~것 같습니다.'와 같이 추측하는 표현 대신 '-은/는 ~입니다.'와 같은 확실한 표현을 사용하는 것이 더욱 설득력을 얻는다. '왜냐하면'이라고 근거를 대는 말하기를 자유롭게 구사할 수 있다면 면접 말하기 고수의 길은 멀지 않다. '왜냐하면'의 힘은 상상 그 이상이다.

논거를 세운 후에는 사례를 들면 설득력 있는 말하기가 된다. 사례가 없다면 부연 설명, 즉 상술을 하면 된다. 다음 예시는 자신의 주장을 말하는 동안 단 하나의 근거도 세우지 않았기 때문에 평가자가 채점하기 어렵다. 근거가 없는 주장은 채점할 수가 없기 때문이다. 주장은 지원자의 감상과 취향일 뿐이다. 평가자는 근거, 즉 논거의 정합성을 따진다.

다만, 입론(立論)할 때 주장과 근거까지만 말하면 말이 짧은 경우가 많다. 면접 질문 한 문항당 답변 시간은 1분 30초 내외가 적당하다. 따라서 '주장 - 근거 - 사례(또는 부연 설명)' 기법으로 말하면 논리적 구성력이 탄탄하고 길게 말할 수 있다. 근거와 사례를 추가할수록 더 길게 말할 수 있는 매우 유용한 면접 화법이다.

'근거'가 없는 '주장' 예시

① 제 꿈은 경제학자가 되는 것입니다.

② 나라 발전을 생각할 때 경제 성장의 중요성은 아무리 강조해도 지나치지 않습니다.

③ 저는 항상 대한민국의 미래를 생각하고 대한민국의 발전에 도움이 되는 사람이 되고 싶었습니다.

④ 경제학자가 돼 나라 발전을 이끌어 나가고 싶습니다.

'주장 - 근거' 말하기 기법

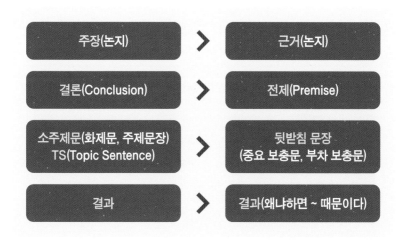

'주장 - 근거' 말하기 기법 연습 **1**

비타500 또는 박카스를 구입하는 이유는?

저는 (　　) 대신 (　　)를/을 구입하겠습니다.
왜냐하면 (　　)는/은 (　　)이기 때문입니다.

저는 (박카스) 대신 (비타500)을 구입하겠습니다.
왜냐하면 (비타500)은 (카페인이 없)기 때문입니다.
왜냐하면 (비타500)은 (비타민C가 많)기 때문입니다.

'주장 - 근거' 말하기 기법 연습 **2**

비타500 또는 박카스를 구입하는 이유는?

저는 (　　) 대신 (　　)를/을 구입하겠습니다.
왜냐하면 (　　)는/은 (　　)이기 때문입니다.

저는 (비타500) 대신 (박카스)를 구입하겠습니다.
왜냐하면 (박카스)는 (양이 많)기 때문입니다.
왜냐하면 (박카스)는 (타우린이 들어 있)기 때문입니다.

'주장 - 근거 - 사례' 말하기 기법

주장 > 근거(논거) > 사례(예시)/상술/부연	

'주-근-사' 말하기 기법 예시 **1**

주장	저는 워마드의 주장에 반대합니다.
근거	왜냐하면 남성 혐오증을 유발하기 때문입니다.
사례	워마드가 남성 혐오를 확산하는 예를 말씀드리겠습니다.

　첫째, 워마드는 한국 남성을 비하하는 '한남충', '재기해', '6센티'라는 용어를 거침없이 사용합니다. 이러한 용어는 불특정 다수의 한국 남성을 혐오하는 내용들입니다.

　둘째, 워마드는 공개적으로 '미러링'을 합니다. 미러링은 남성이 여성을 비하하는 것처럼 여성이 남성을 똑같이 비하하고 혐오하겠다는 전략입니다.

　셋째, 워마드가 주최하는 집회는 남성의 참여를 거부합니다. 이것은 남성이라는 이유만으로 여성과 격리하고 배제하려는 혐오가 전제되어 있기 때문입니다.

'주-근-사' 말하기 기법 예시 **2**

주장	저는 원자력발전소를 이용하는 것에 반대합니다.
근거	왜냐하면 전력을 얻고 나서 생기는 핵폐기물의 처리 문제 때문입니다.
사례	원자력발전소는 환경 문제로 독일 등 선진국에서 감소하고 있습니다.

'주-근-사' 말하기 기법 예시 **3**

주장	프랜차이즈업계에 가맹점 논란이 일고 있습니다.
근거	왜냐하면 직영점에서 가맹점으로 전환할 경우 일종의 로열티 장사가 가능해지기 때문입니다.
사례	경영난을 겪고 있는 한국피자헛은 최근 직영점을 가맹점으로 100% 전환하기로 했습니다.

'주-근-사' 말하기 기법 예시 **4**

주장	저는 제주도의 예멘 난민 수용에 찬성합니다.
근거	왜냐하면 유엔 난민 협약에 가입한 우리나라는 인도주의적 차원에서 예멘 난민을 지원해야 하기 때문입니다.
사례	우리나라도 한국전쟁 때 많은 나라의 도움을 받았습니다. 그렇기 때문에 국제사회로부터 받았던 도움을 잊어서는 안 됩니다.

'주-근-사' 말하기 기법 예시 **5**

주장	저는 아시안게임 병역 특례 제도에 반대합니다.
근거	왜냐하면 형평성에 어긋나기 때문입니다.
사례	아시안게임 병역 특례 제도는 야구, 축구 등 특정 종목에만 주어진다는 문제점뿐 아니라 국위 선양을 위해 노력하는 사람들이나 운동선수들과 같은 양의 노력을 기울이는 일반인들에게는 자격조차 주어지지 않는다는 점에서 형평성이 어긋납니다.

'주-근-사' 말하기 기법 예시 **6**

주장	저는 양심적 병역 거부에 찬성합니다.
근거	왜냐하면 양심적 병역 거부는 병역의무라는 헌법적 법익보다 우월한 가치이기 때문입니다.
사례	현재 양심적 병역 거부를 인정하는 나라는 덴마크, 러시아, 그리스, 대만, 이스라엘, 브라질 등 55개국이나 됩니다.

03
'프렙(PREP), 오레오(OREO)' 기법, '주근사주' 기법

'프렙(PREP)' 말하기 기법은 앞에서 배운 '주장 - 근거 - 사례'의 끝에 주장을 반복해서 강조하는 '주장(P) - 근거(R) - 사례(E) - 주장(P)' 방식이다. 필자가 학교 현장에서 동양의 전통적인 글쓰기와 말하기 방식인 '기 - 승 - 전 - 결' 4단계 형식을 자소서와 면접에 접목해 보려고 노력했지만 쉽지 않았다. 어느새 요즘 학생들은 서양 논증 방식인 '서론 - 본론 - 결론' 3단계 방식이 훨씬 더 편한 세대가 돼 있었다. 그럼에도 논리적 완성도가 높은 4단계 방식을 효과적으로 쉽게 가르쳐 보기 위해 적용한 방식이 일명, '프렙(PREP)'과 '스타(STAR)' 기법이다. 스타 기법은 뒤에서 다루기로 한다.

프렙(PREP) 기법은 Point(주장), Reason(근거), Example(사례), Point(주장) 순으로 말하는 서양의 논증 방식이다. 동양에 '기승전결'이 있다면 서양에는 '프렙(PREP)'이 있다. 아리스토텔레스의 『수사학』 글쓰기 방식인 '머리말 → 진술부 → 논증부 → 맺음말' 구조에서도 알 수 있듯이 4단계 논증 구조는 서양의 오래된 전통이다. 논증적 글쓰기와 말하기 방식을 어렵게 생각하지 말자. 앞에 올 내용이 앞에 오고, 뒤에 올 내용이 뒤에 오게 논리적으로 배열하면 된다. 프렙(PREP) 기법은 핵심 요지를 문두와 문미에 놓기 때문에 양괄식 구조로도 볼 수 있다. 핵심 메시지를 끝에 다시 한번 강조하기 때문에 매우 간단하지만 논리적이고 설득력이 매우 높은 말하기 방식이다.

하버드대에서는 '프렙(PREP)'을 '오레오(OREO)'로 가르친다. 즉, Opinion(의견), Reason(근거), Example(사례), Opinion(의견) 순이기 때문에 형식은 '프렙(PREP)'과 같다.

프렙(PREP) 말하기 기법의 기본 형식

Point	핵심 주장을 두괄식으로 제시
Reason	근거(이유) 제시(왜냐하면~)
Example	구체적인 사례(예를 들어~)
Point	핵심 주장을 다시 한번 강조(따라서~)

프렙(PREP) 말하기 기법 예시

Point	주장, 결론 핵심 메시지	말을 할 때 말의 내용뿐만 아니라 톤과 억양도 중요합니다.
Reason	근거, 이유	왜냐하면 목소리의 톤과 억양에 따라 같은 말도 다른 의미로 들리기 때문입니다.
Example	사례	예를 들어 '잘한다'라는 말의 경우, 칭찬할 때와 비아냥거리며 말할 때는 같은 단어로 말하지만 전혀 다른 의미로 전달됩니다.
Point	주장, 결론 핵심 메시지	따라서 말을 할 때는 내용만큼이나 톤과 억양과 같은 말투도 신경 써야 합니다.

'PREP' 말하기 기법 예시 ①

P (주장)	저는 워마드의 주장에 반대합니다.
R (근거)	왜냐하면 남성 혐오증을 유발하기 때문입니다.
E (사례)	워마드가 남성 혐오를 확산하는 예를 말씀드리겠습니다. 첫째, 워마드는 한국 남성을 비하하는 '한남충', '재기해', '6센티'라는 용어를 거침없이 사용합니다. 이러한 용어는 불특정 다수의 한국 남성을 혐오하는 내용들입니다. 둘째, 워마드는 공개적으로 '미러링'을 합니다. 미러링은 남성이 여성을 비하하는 것처럼 여성이 남성을 똑같이 비하하고 혐오하겠다는 전략입니다. 셋째, 워마드가 주최하는 집회는 남성의 참여를 거부합니다. 이것은 남성이라는 이유만으로 여성과 격리하고 배제하려는 혐오가 전제되어 있기 때문입니다.
P (주장)	이처럼 남성 비하 용어를 사용하고 미러링으로 남성을 공격적으로 대하면서 남성과의 연대를 거부하는 워마드는 우리 사회에 혐오 문화를 확산하기 때문에 저는 워마드의 주장에 반대합니다.

'PREP' 말하기 기법 예시 **2**

P (주장)	저는 통번역 전문가의 꿈을 이루기 위해 한국외국어대학교에 꼭 입학하고 싶습니다.
R (근거)	왜냐하면 이 학교에서 배우는 다양한 언어와 문화 그리고 다른 대학교에서 찾아보기 힘든 통번역 동아리들은 제 꿈을 이루기 위해 꼭 필요하기 때문입니다.
E (사례)	실제로 이 학교를 졸업하고 통번역 전문가로 활발하게 활동하시는 선배님들을 많이 봐 왔습니다.
P (주장)	제 꿈을 이루기 위해 한국외국어대학교에 꼭 입학하고 싶습니다.

'PREP' 말하기 기법 예시 **3**

P (주장)	저는 문석현의 『데이터는 답을 알고 있다』가 가장 기억에 남습니다.
R (근거)	왜냐하면 실제 빅데이터 분석가로 활동하는 직업인의 모습을 볼 수 있었기 때문입니다.
E (사례)	예를 들어 이 책에는 저자가 쿠팡, 넥슨 등 인터넷 게임 서비스를 하는 기업에서 비즈니스 데이터 분석으로 다양한 성과를 쌓아 온 경험이 잘 드러나 있습니다.
P (주장)	따라서 저는 『데이터는 답을 알고 있다』라는 책이 가장 기억에 남습니다.

'PREP' 말하기 기법 예시 4

P (주장)	저는 야구에서 가장 중요한 가치는 팀워크라고 생각합니다.
R (근거)	왜냐하면 야구는 개인 스포츠가 아니라 감독도 같은 유니폼을 입고 뛰는 단체 스포츠이기 때문입니다.
E (사례)	예를 들어 LG가 2016년 시즌에서 성공할 수 있었던 이유는 리빌딩을 통한 팀워크로 하나의 팀을 만들었기 때문입니다.
P (주장)	따라서 저는 야구에서 가장 중요한 가치는 팀워크라고 생각합니다.

'PREP' 말하기 기법 예시 5

P (주장)	저는 한국 사회의 빈부 격차가 날이 갈수록 커지고 있다고 생각합니다.
R (근거)	왜냐하면 십분위분배율 등 소득분배 지표가 악화되고 있기 때문입니다.
E (사례)	예컨대 중산층이 감소하고 사회 양극화가 심화되고 있습니다.
P (주장)	따라서 저는 한국 사회의 빈부 격차가 점점 더 커지고 있다고 생각합니다.

'PREP' 말하기 기법 예시 6

P (주장)	저는 기본소득 실시에 찬성합니다.
R (근거)	왜냐하면 기본소득으로 인해 국민들의 소득 수준이 증가하면 삶의 질이 향상될 수 있기 때문입니다.
E (사례)	예를 들어 핀란드 정부가 세계 최초로 실시한 기본소득 실험의 예비적 결과 발표에 의하면 삶의 질 측면에서 기본소득 수급자가 전통적 복지 수급자에 비해 높은 수준을 나타냈습니다.
P (주장)	따라서 저는 기본소득 실시에 찬성합니다.

오레오(OREO) 말하기 기법의 기본 형식

Opinion	의견
Reason	근거, 이유
Example	사례
Opinion / Offer	의견, 강조 및 제안

'OREO' 말하기 기법 예시 **1**

O (의견)	저는 화학동아리뿐만 아니라 다른 과학 동아리와 융합실험을 통해 공학에 대해 시야를 넓힐 수 있었습니다.
R (근거)	왜냐하면 다양한 분야의 연구자의 협업의 산물인 융합공학에 평소 관심이 있었기 때문입니다.
E (사례)	그중 아두이노 실험과 그래핀 시험을 통해 전자, 프로그래밍과 화학의 관계에 흥미를 갖게 됐습니다. 특히 피지컬 컴퓨팅을 탐구하면서 유비쿼터스 사회에서 통신소자가 막대한 영향을 끼칠 것이라고 생각했습니다.
O (주장)	이렇게 다른 동아리 친구들과 협업했던 융합 실험을 통해 공학에 대한 개념을 확장할 수 있었습니다.

'OREO' 말하기 기법 예시 **2**

O (의견)	저의 최종 목표는 'Global Frame Designer'입니다. 이 말은 세계적인 토목기사라는 뜻입니다. 이 중 저는 교량 전문 토목기사가 되고 싶습니다.
R (근거)	왜냐하면 교량을 만들기 위한 기본 학문을 바탕으로 중국, 유럽을 넘어 아프리카까지 이을 수 있는 교량을 만들어 교량 네트워크를 만들어 지구촌화의 실현에 일조하고 싶기 때문입니다.
E (사례)	예를 들어 남북이 통일되면 기존의 시베리아 횡단 철도와 같이 아시아-유럽-아프리카 횡단 교량을 만들고 싶습니다. 이 목표가 달성되면 경제적·사회적으로도 많은 이익을 창출할 수 있다고 생각합니다.
O (주상)	따라서 저는 토목기사가 돼서 글로벌 사회를 만들기 위한 기초 사회기반 시설인 교량, 철도뿐만 아니라 더 광범위한 분야의 전문성을 가진 투목기사가 돼서 '세계적인 지구 뼈대 디자이너'로 활동하고 싶습니다.

'OREO' 말하기 기법 예시 3

O (의견)	저는 아시안게임 병역 특례 제도에 반대합니다.
R (근거)	왜냐하면 이 제도는 특정인의 노력에 대해 우선순위를 두는 모순이 있기 때문입니다.
E (사례)	예를 들어 같은 노력을 해도 병역면제를 받지 못하는 종목인 e스포츠도 존재하며 종목에 따라서 그 노력의 가치와 그 양을 다르다고 판단하기 때문입니다. 아시안게임 병역 특례 제도는 1위를 한 선수들은 다른 선수들에 비해 특별히 더 노력했다는 데 암묵적으로 동의한다는 우선순위 문제를 일으킵니다.
O (주장)	따라서 한 순간의 결과에 따라 2위 이하의 결과를 차별하는 아시안게임 병역 특례 제도에 반대합니다.

'OREO' 말하기 기법 예시 4

O (의견)	저는 3분간 파워포인트 없이 사물만을 이용하여 프레젠테이션 하는 '페임랩'이 발표능력 향상과 의사소통에 큰 도움이 된다고 생각합니다.
R (근거)	왜냐하면 파워포인트는 만드는 데 시간도 오래 걸리고 이 프레젠테이션 방식에 부담을 느끼는 사람들이 의외로 많기 때문입니다.
E (사례)	예를 들어 세계적인 인터넷 기업인 아마존에서도 임원회의 때 파워포인트를 사용하지 않습니다.
O (주장)	따라서 저는 파워포인트보다는 사물만을 이용하는 페임랩 방식이 좋았습니다. 면접 준비할 때 '페임랩'을 권하고 싶습니다. 발표능력 향상과 의사소통에 큰 도움이 됩니다.

04

'스타(STAR) 기법, '스타-L(STAR-L)' 기법

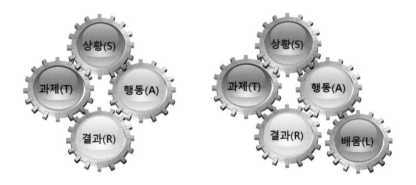

　'스타(STAR)' 기법은 매튜 델루카(Matthew J. DeLuca)가 창안한 Situation(상황), Task(과제), Action(행동), Result(결과) 순서로 말하는

4단계 면접 화법이다. 이때 결과에 '의미 - 변화' 내용을 드러낼 수 있다면 스타 기법은 대단한 힘을 발휘한다. '프렙(PREP)' 기법과 더불어 간단하지만 논리적이고 효과적으로 말할 수 있는 매우 유용한 말하기 기술이다.

'스타(STAR)' 기법은 'S(situation)' 면접자는 어떤 상황에 처했었는가?, 'T(task)' 면접자에게 어떤 과제가 주어졌는가?, 'A(action)' 그래서 면접자는 어떻게 행동했는가?, 'R(result)' 면접자의 이런 행동과 태도로 인해 어떤 결과를 만들어 냈는가?를 면접관에게 4단계로 설명하는 방식이다. 이때 'S와 T'를 장황하게 설명하기보다는 'A와 R'을 명확하고 구제직으로 말하는 것이 핵심이다.

'의미 - 변화'를 강조하기 위해 STAR와 더불어 'L(learn)'을 추가할 수 있다. 이 경험을 통해 무엇을 배우고 느꼈는지 언급하는 것이다.

스타(STAR) 말하기 기법

당신이 처했던 상황에 대해서 말씀해 보십시오.
(Situation)

당신이 수행한 일은 무엇이었습니까?
(Task)

어떻게 대응했습니까?
취한 행동에 대해서 말씀해 보십시오.
(Action)

그 행동의 결과는 어땠습니까?
(Result)

Situation 상황	고3 때 물리Ⅱ 과목이 폐강됐습니다.
Task 과제	기계공학자의 진로에 물리Ⅱ는 꼭 필요한 과목이었고 저만의 노력이 필요했습니다.
Action 행동	같은 고민을 하는 친구들을 모아 스터디를 결성하고 물리Ⅱ 참고서로 함께 공부하고, 부족한 부분은 EBS 강의를 들었습니다.
Result 결과	이후 물리Ⅰ만으로 해결하지 못한 지적 호기심이 대부분 해결됐습니다.

'STAR' 말하기 기법 예시 **1**

S (상황, 배경)	저는 빅데이터와 경영 마케팅에 관심이 많았지만 학교에 관련 동아리가 없었습니다.
T (과제, 목표)	그래서 저와 진로분야가 비슷한 친구들은 오랫동안 폐반되어 동아리실조차 없는 신문반을 설득하여 신문반을 다시 만들기로 했습니다.
A (행동, 태도)	우선 저희는 동아리 담당 선생님께 부탁드려 강당 옆 준비실을 동아리실로 만들고 신문반 부원들과 구글을 응용한 의견 수렴 프로그램을 제작해 학생들의 다양한 의견을 모아 페이스북에 수시로 실었습니다. 학생들의 호응은 의외로 뜨거웠고 이에 힘입어 '학년별 분리 급식지도', '학교폭력설문 재조사 실시' 등 지금까지도 학교정책 개선에 기여하고 있습니다.
R (결과, 변화)	이렇게 신문반을 부원들과 협력하여 재기시킴으로써 소통과 공동체의 중요성을 깨달았고, 그 소중한 경험으로 더욱 자신감 있게 바자회, 신문만들기 대회 등을 통해 나눔의 기쁨도 누릴 수 있었습니다. 어려운 도전 속에 주도적으로 이뤄낸 성취감, 도전정신은 제 꿈인 경영 컨설턴트에도 큰 도움이 될 것으로 확신합니다.

'STAR' 말하기 기법 예시 **2**

S (상황, 배경)	저는 자기주도적인 공부를 하지 못하고 학원이나 과외 등에 의존했습니다.
T (과제, 목표)	그래서 친구들과 MPS(Mans Play Study)라는 스터디 그룹을 만들어 서로 멘토·멘티가 돼 주었습니다.
A (행동, 태도)	친구들과 학습 방법도 공유하고 함께 공부하는 서로에게 유익한 시간이 됐습니다.
R (결과, 변화)	또한 수업을 준비하고 시험 문제도 출제해 보니, 가르치는 것이 제게 장기 기억이 되어 돌아오는 지식의 순환 과정임을 느꼈습니다.

'STAR' 말하기 기법 예시 3

S (상황, 배경)	저는 영어회화 동아리인 E.C.C의 PD였습니다. 매주 수요일 아침에 교내 영어방송을 했는데, 아쉽게도 학생들이 각자 할 일이 바빠 방송을 잘 듣지 않았습니다.
T (과제, 목표)	MC들과 함께 어떻게 학생들을 방송에 집중시킬까 고민을 하다, 결국 청취자들이 원하는 것이 가장 중요하다는 결론을 내렸습니다.
A (행동, 태도)	그 후, '생생한 드라마와 팝송으로 승부한다!'라는 방송의 포맷을 세우고, 매주 대본을 직접 작성했습니다. 그러자 새로운 방송포맷에 흥미를 보이는 친구들이 늘어났고, 많은 학생들이 방송 마지막에 제시되는 퀴즈에 참여하게 됐습니다.
R (결과, 변화)	이 과정을 통해 소통을 시도할 때는 상대의 입장에서 상대의 흥미와 수준을 고려하는 것이 중요하다는 것을 깨달았습니다. 사람과 사람 사이에는 공감을 통한 소통이 무엇보다 소중함을 알았습니다. 더구나 사회 교사의 꿈을 가지고 있는 제게, 학생들의 수준에서 생각하고 학생들의 생각에 귀를 기울이는 것이 무엇보다 중요하다는 이 깨달음은 더없이 값진 경험이었습니다.

'STAR' 말하기 기법 예시 4

S (상황, 배경)	고등학교 입학 후 매년, 3인이 팀을 이뤄 논쟁하는 토론대회에 참가했습니다. 걸어 다니는 백과사전이라 불리는 친구 A를 영입하여 팀을 구성했으나, 그 친구가 의외로 말을 더듬으며 자기 역할을 잘 해내지 못했습니다. 친구 B는 A 때문에 탈락할지도 모른다며 힘들어했습니다.
T (과제, 목표)	팀장으로서 팀을 이끌어 나갈 책임이 있었기에 방법을 찾아야 했습니다.
A (행동, 태도)	일단 B에게 A를 못 한다고만 하지 말고 잘할 수 있을 거라 격려하며 도와주자고 다독였습니다. 또 A는 내용을 숙지한 상태에서는 표현을 잘 해내기에, 교차소사가 주로 이루어지는 2번 토론자에서 입론을 하는 1번 토론자로 역할을 바꿀 것을 B와 A에게 제안했습니다. 역할을 바꾼 A는 준비를 충분히 했고, 입론을 잘 해내어 결국 저희 팀은 우승할 수 있었습니다.
R (결과, 변화)	이를 통해 협동 작업을 할 때는 각자가 잘할 수 있는 역할을 배정해 주는 것이 매우 중요하다는 것과 어려운 상황에서는 팀원이 서로 신뢰하며 돕는 것이 그 상황을 해결하는 가장 핵심적인 열쇠라는 것을 깨달았습니다.

'STAR' 말하기 기법 예시 5

S (상황, 배경)	저는 공부의 즐거움보다는 효율성만을 따지는 공부를 해 왔습니다. 최소한의 시간을 투자해 최대의 효과를 끌어내기 위해 양보다는 질을 높이는 공부법에 골몰했고 나름 성과도 봤습니다. 이런 방법으로 고1 때는 상위권을 유지했지만 갈수록 한계에 부딪혔습니다. 내신과 모의고사 성적이 계속 떨어졌습니다.
T (과제, 목표)	이 공부방식을 답습하면, 제가 목표하는 대학에 진학할 수 없을 거라는 생각에 위기를 느꼈고, 공부의 질뿐만 아니라 관련 내용을 심화하고 확장하며 공부량을 늘리기로 했습니다.
A (행동, 태도)	1학년 겨울방학 때부터 자기주도학습 계획을 세우고 매일 도서관에서 저녁 9시까지 공부했습니다. 인터넷강의를 하루에 5강씩 듣고 1학년 때 배운 내용을 복습했고 2학년 과정을 예습해 나갔습니다. 2학년에 진학해서는 쉬는 시간, 식사 시간에도 짬짬이 시간을 내어 공부를 했고, 주말에도 학교 도서관에 나와 과목별 문제집을 1권씩 정해서 반복적으로 풀고 오답노트를 만들어 약점도 보완해 나갔습니다. 또한 혼자서 공부하는 것이 외롭고 한계가 있다고 생각해 친구들과 수학 과목 스터디 그룹을 만들어 부족한 부분을 서로 물어보며 도왔습니다.
R (결과, 변화)	친구들을 가르치고 배우는 과정 속에서 문제를 해결해 낼 때마다 지적 희열을 느낄 수 있었고 학습동기를 얻을 수 있었습니다. 협업하며 문제풀이 방법을 공유하다보니 저는 2학년 기말고사에서 두드러진 성적 향상을 이뤄 냈습니다. 이 경험을 통해 어려운 상황에 처했을 때 기존의 방식만을 고집하지 않고 다양한 문제 해결 방법을 고민하고 실천하는 사고의 전환이 중요하다는 것을 배웠습니다.

'STAR' 말하기 기법 예시 6

S (상황, 배경)	저는 지역 아동 대상의 멘토링 봉사에서 중학교 1학년 학생에게 수학을 가르치게 됐습니다. 이 학생은 함수를 유독 어려워했습니다.
T (과제, 목표)	'어떻게 하면 쉽게 이해시킬 수 있을까'라는 고민을 하던 중,
A (행동, 태도)	일상생활에서 접할 수 있는 '자판기'의 예시를 생각해 냈습니다. 일정 금액(정의역)을 넣고 버튼을 누르면 음료(치역)가 나오는 자판기가 함수와 같다고 예시를 들자, 학생은 흥미를 보였습니다. 그 후로도 학생의 흥미를 고려하여 다양한 예시를 준비하며 스토리텔링 기법의 수학 수업을 진행했습니다.
R (결과, 변화)	하다 보니, 봉사란 활동 중심이 아닌 사람과 사람의 만남이라는 사실을 깨달을 수 있었습니다. 또한 개념을 꼼꼼히 살피며 단순히 외워서 알고 있던 공식들의 증명 과정을 알아낼 수 있었으며, 주변에 스쳐 지나가는 사물들의 의미를 되새겨 보는 기회도 됐습니다. 이를 통해 봉사란 진심으로 나누어 준다면 저 또한 얻는 것이 있는 양방향성의 활동이라는 것을 배웠습니다.

'STAR' 말하기 기법 예시 7

S (상황, 배경)	고교 3년 동안 편찮은 어머니를 대신해 제가 직접 집안일을 해야 했습니다. 동생들을 챙기고 집안일 하고 나면 친구들보다 공부할 시간이 적어서, 성적이 잘 나오지 않았습니다.
T (과제, 목표)	저는 단거리 경주에서 뒤지고 있는 듯한 느낌을 받았지만, 어려운 현실을 비관하기보다는 극복하기로 결심했습니다. 왜냐하면, 저는 승부근성이 강해서 남에게 지고 싶어 하지 않는 편이기 때문입니다.
A (행동, 태도)	저는 그래서 '인생은 마라톤이다'는 자세로 생각을 바꾸었고, 자투리 시간을 활용해 공부하는 습관을 들였습니다.
R (결과, 변화)	그렇게 꾸준히 노력하다 보니 성적이 오르게 되었고 저에게 맞는 학습 습관도 기를 수 있었습니다.

'STAR-L' 말하기 기법 예시 **1**

S (상황, 배경)	평소 친구들이 "시는 어려운 암호를 해독하는 것 같아, 무슨 말인지 잘 모르겠어."라고 말해 시에 대한 거부감이 크다는 것을 알았습니다.
T (과제, 목표)	친구들에게 인터넷 강의처럼 쉽게 시를 가르쳐주고 싶어 '10일간의 작은 변화 프로젝트'로 '십시일반'이라는 활동을 실시했습니다.
A (행동, 태도)	첫 번째로 어떤 시를 가르칠지 고민했습니다. 교과서에 나오는 시들을 딱딱하게만 느끼는 친구들의 인식을 바꿔 주고 싶어 고등학생 국어교과서에 공통으로 나오는 시 10개를 선정했습니다. 두 번째로 무엇을 이용하여 가르칠지 고민했습니다. 요즘 학생들은 영상에 친숙하니 10분 정도의 영상을 찍어 저의 블로그에 '오늘의 시'를 올리기로 결정했습니다. 시의 주제, 특징, 배경을 저의 시 노트인 '라온'에 정리한 후 영상 대본을 작성했습니다. 첫 촬영 후 녹화영상을 보았을 때 어색해서인지 목소리가 경직되어 있었고 흐름이 매끄럽지 않았습니다. 다시 찍기를 반복하니 점점 말하는 것이 자연스러워져 마지막 날에는 수월하게 완성했습니다. 시에 대한 진입장벽을 낮추기 위해 재미있는 요소를 넣으면 좋겠다고 생각하여 신동엽의 '껍데기는 가라'를 '고등래퍼'들이 재해석하여 랩을 만든 영상을 보여줬습니다. 또한 이육사의 '절정'이라는 시의 내용을 그림으로 직접 표현했습니다.
R (결과, 변화)	시를 어려워하는 친구들에게 영상을 보여주니 영상이 짧아 부담이 없었고 어려운 부분만 핵심적으로 짚어줘서 좋았다는 피드백을 받았습니다.
L (배우고 느낀 점)	직접 수업을 준비하면서 혼자 공부할 때보다 가르칠 때 많은 것들을 알아야 한다는 것과 다양한 매체를 이용하면서 학생들의 눈높이에 맞춰 설명하는 법을 배웠습니다.

'STAR-L' 말하기 기법 예시 2

S (상황, 배경)	저는 문학 시간에 고전소설 '운영전'과 '최척전' 엮어 읽기 활동에서 조장을 맡았습니다. 배제되는 친구 없이 토의를 이끌고 싶었지만 1차 토의 때 4명 중 2명만 의견을 제시하고 나머지는 아무런 반응을 하지 않아 심각성을 느꼈습니다.
T (과제, 목표)	친구들에게 이유를 물어보자 고전소설 전개양상이 복잡하여 이해가 어렵다고 말했습니다. 또한 토의에 참여하고 싶지만 어떻게 말을 꺼내야 할지 몰라 가만히 있는 것이 더 도움이 된다고 생각했다고 말했습니다. 친구들의 이해를 돕기 위해 소설의 배경, 인물관계 등을 정리할 수 있는 학습지를 제작했습니다.
A (행동, 태도)	2차 토의 전 점심시간에 모여 학습지로 소설 내용을 정리하자 배경지식이 세워져 토의에 대한 거부감이 줄어들었습니다. 또한 각자 능력과 흥미에 맞게 질문 정리, 답 근거 문구 찾기 등의 역할을 정하여 적극적인 참여를 이끌었습니다.
R (결과, 변화)	서로 부족한 부분들을 채워주며 토의를 한 결과 '전체 생각 나누기 활동' 때 가장 인상적인 조로 선정됐습니다.
L (배우고 느낀 점)	이를 계기로 사람들이 결과에 영향을 줄 수 있는 결정권이 자신에게 있을 때 더욱 활력을 느낀다는 것을 깨달았습니다. 즉 리더란 혼자 모든 것을 짊어진 사람이 아닌 권한을 위임해 구성원 스스로가 리더라고 느끼게 이끌어주는 사람임을 배웠습니다.

PART
9

부록

고입, 자기주도학습전형 서류 평가 예시안

학생 성명		전형 위원	
지원 전형		지원 학과	

영역별 평가요소	평가 항목	확인된 역량 및 면접 시 확인 필요한 사항
자기주도 학습영역	자기주도학습 과정과 그 과정에서 배우고 느낀 점	
	학교특성과 연계해 지원학교에 관심을 갖게 된 동기	
	본인의 꿈과 끼를 살리기 위한 활동계획과 졸업 후 진로계획	
	자기주도학습 영역의 기재금지 의심 사항	
인성 영역	본인의 인성을 나타낼 수 있는 개인적 경험과 그 과정에서 배우고 느낀 점	
	인성 영역의 기재금지 의심 사항	
총평		

02
고입, 모의면접 양식

모의면접 양식 **1**

학생 성명		지원 고등학교	
지원 전형		지원 학과	

	3. 수상경력 ☐ 5. 창의적 체험활동 상황 - 자율활동 ☐ 동아리활동 ☐ 봉사활동☐ 진로활동☐ 6. 교과학습 발달 상황 ☐ 7. 독서활동 상황 ☐ 8. 행동특성 및 종합의견 ☐	
학생부	관련항목	주요활동
예상 질문		
답변		
보완할 점 어려운 점		

모의면접 양식 2

학생 성명		지원 고등학교	
지원 전형		지원 학과	

구분	영역	내용
기본소양	도입	Ice Breaking ☞ 면접 유의사항 전달
	인성	자기소개/가치관(롤모델, 좌우명, 장단점, 책, 역경극복)
		지원동기(열정과 의지)
		준비와 노력, 경험(자기주도, 목표 달성 경험)
		리더십(자질, 발휘사례), 봉사(의미, 경험, 이유)
		학업계획(학교생활)
		졸업 후 진로계획(10년 뒤 모습)
		마지막으로 하고 싶은 말(포부), 준비한 질문, 선발 이유
	적성(전공)	고등학교 인재상, 다른 고등학교와 비교, 고등학교의 특성화, 경쟁력
		학과 및 전공 탐색(흥미와 관심도), 전공 관련 시사 이슈, 관심 과목
	학생부	
	자소서	

모의면접 양식 3

학생 성명		지원 고등학교	
지원 전형		지원 학과	

자기소개	
특기:	
취미:	
좌우명:	
피드백:	

지원동기, 입학 후 학업계획 및 진로계획	
지원동기 :	
학업계획 및 진로계획 :	

지원 고등학교 정보 :	전공 희망 :
피드백:	

모의면접 양식 4

학생 성명		지원 고등학교	
지원 전형		지원 학과	

1. 지원동기	:
피드백:	
2. 입학 후 학업계획 및 진로계획	:
피드백:	
3. 가장 인상 깊은 활동과 그 이유	:
피드백:	
4. 자기소개	:
피드백:	
5. 마지막으로 하고 싶은 말	:
피드백:	

모의면접 양식 **5**

학생 성명		지원 고등학교	
지원 전형		지원 학과	

1. 지원 고등학교와 지원 전공에 대한 지원동기와 자신의 어떠한 점이 지원 고등학교와 지원 전공 특성에 부합하는지에 관하여 말해보세요.

2. 학업계획 및 진로계획	* 고등학교 입학 후의 학업계획을 구체적으로 말하면?
	* 이를 토대로 한 졸업 후의 사회 진출의 방향과 목표는?

3. 고등학교 생활 충실도 및 목표의식 * 고등학교 입학 후 가장 하고 싶은 일은 무엇인가?

  * 고등학교 생활을 통해 꼭 이루고자 하는 목표는?

4. 전공 적합성

  * 가장 관심을 갖고 활동한 전공분야 관련 자율/동아리/봉사/진로활동에 대해 말해보세요.

  * 본인의 장·단점을 지원 고등학교와 지원 전공과 관련하여 말해보세요.

5. 창의력 사고력

  * 최근 신문이나 뉴스에서 가장 흥미있었던 기사 또는 사회적 이슈를 말해보세요.

  * 최근 감명 깊게 보았던 책 또는 영화를 소개하고 그 이유를 말해보세요.

6. 인성

　　* 좌우명이 있는가? 그 좌우명을 고등학교 또는 사회에서 어떻게 실천할 것인지 말해보세요.

　　* 마음을 터놓을 친구나 존경하는 롤모델은 누구인지 말해보세요.

　　* 봉사와 협력, 희생과 갈등 관리의 구체적 사례가 있으면 말해보세요.

7. 지원동기를 말해보세요.

8. 자신의 장·단점을 말해보세요.

9. 자기소개를 해보세요.

10. 마지막으로 하고 싶은 말을 해보세요.

모의면접 양식 6

학생 성명		지원 고등학교	
지원 전형		지원 학과	

연번	항목	준비 내용	평점				
			5	4	3	2	1
1	지원 고등학교와 지원 전공에 대한 관심과 이해도						
2	지원동기와 노력 과정						
3	인재상 부합도						
4	학업계획 및 진로계획						
5	인상 깊었던 중학교 활동 (동아리, 봉사 등)						
6	존경하는 인물						
7	감명 깊게 읽은 도서						
8	좋아했던 과목과 이유						
9	장점과 단점 (단점은 극복과정 설명)						
10	마지막으로 하고 싶은 말						
종합 평가	평가항목	• 발전가능성 • 논리적 사고력 • 문제해결능력 • 자기주도성 • 인성	총 점 ( )				

모의면접 양식 **7**

학생 성명		지원 고등학교	
지원 전형		지원 학과	

학생부 항목		면접 질문 사항
3. 수상경력		
5. 창의적 체험활동 상황	자율활동	
	동아리활동	
	봉사활동	
	진로활동	
6. 교과학습 발달 상황 (성적 & 세특)		
7. 독서활동 상황		
8. 행동특성 및 종합의견		
자소서		

모의면접 신청서 양식

( )반 ( )번 성명:	
지원 고등학교	
지원 모집단위	
지원 전형	
모집인원	
경쟁률	
면접일	
모의면접 후 보완할 점 / 어려운 점	

토론·토의 활동지

구 분	찬성 입장	반대 입장
근거(논거, 전제)		

구 분	찬성 입장에 관한 추가 질문 (예상 반론 질문)	반대 입장에 관한 추가 질문 (예상 반론 질문)
근거(논거, 전제)		

구 분	추가 질문에 관한 재반박 (예상 반론에 관한 재반론)	추 가질문에 관한 재반박 (예상 반론에 관한 재반론)
근거(논거, 전제)		

시사 이슈

경영·경제

공공부조, 일본 경제 보복, 일본 제품 불매운동, 빅데이터, 사회적 기업, 기업의 사회적 책임과 기업윤리, 윤리경영, 윤리적 기업, AI 마케팅, SNS 마케팅, 스튜어드십 코드(Stewardship Code), 국민연금 고갈 논란, 담뱃값 인상/인하 찬반, 법인세 인상/인하 찬반, 종교인 과세 찬반, 프랜차이즈 갑질 논란, 비정규직 정규직 전환 찬반, 인천국제공항 비정규직 정규직 전환 찬반, 펀드 전성시대, 사모펀드, 복지 확대 축복인가 재앙인가, 빈곤은 누구의 탓인가, 자원의 저주/자원의 역설/풍요의 역설, 우버 택시 도입 논란, 카카오 업체와 택시업계의 '카풀' 논쟁, 경유/휘발유 값 인상, 내국인 카지노 허용해야 하나, 주류 온라인 판매 및 택배 금지 타당한가, 배기량 기준에 따른 자동차세 바뀌야 하나, 도서정가제 필요한가, 정보의 비대칭성, 한일 양국 화이트 리스트 제외, 공정무역 찬반 논쟁, 시장 vs 정부, GDP(국내 총 생산) 3만 달러 시대 진입, 기회비용, 매몰비용, 로렌츠 곡선, 지니계수, 대체재(버스 vs 지하철)/보완재(컴퓨터 vs 소프트웨어), 합리적 의사결정, 브렉시트(Brexit, 영국의 유럽연합 탈퇴), 제주도 영리병원 도입 논란, 지하철 노년층 무임승차제 논란, 미·중 G2 무역전쟁, 공유지의 비극, 공유경제, 최저시급 인상(2019년 8350원 / 2020년 8,590원 / 2021년 8720원 / 2022년 9,160원), 최저임금 보장, 파레토 법칙(20vs80) vs 롱테일 법칙(80vs20 / 역파레토 법칙), 원조의 딜레마, 인센티브 관광, 코즈 마케팅, ESG 경영, 기본소득제 도입 논란(소득재분배/경제불평등 완화/경제 활성화/조세저항 완화 vs 막대한 재원/세금인상/노동의욕 저하/사회 생산성 저하), 지역화폐 지원 범위 논란, 재난지원금 지원 범위 논란(보편주의/보편적 복지 vs 선별주의/선별적 복지, 내수 시장 활성화/경제 부양책 vs 기본 소득 포퓰리즘), 비트코인, 가상화폐(암호화폐) 규제 정당한가,

블록체인 기술, MZ세대의 비트코인 열풍, 이더리움 열풍, 과도한 자영업자 비중 이대로 괜찮을까, 음식점 총량제, 임대차3법, 임대차보호법, 우주쓰레기의 문제점과 해결방안, 우주쓰레기와 공유지의 비극, 게임이론과 죄수의 딜레마, 종합부동산세(종부세) 논란 찬반

기술·과학·정보·환경

4차 산업혁명, 희토류, 드론, 로봇세 부과 주장 타당하나, 노벨과학상 수상자, 4대강 녹조(녹조 라떼), 라돈침대와 방사선, 중력파, 가상현실(VR), 증강현실(AR), 사물인터넷(IoT), 원전 폐기 공론화 위원회, 탈(脫)원전과 비핵화, 정부의 탈원자력 정책은 옳은 방향인가, 대체에너지, 폭염, 기상이변, 지구온난화(교토의정서), 포항 지진 공포 국내는 안전한가, 화산 폭발 국내는 안전한가, 지열 발전, 인공지능(AI), 인공지능 스피커/리모컨, 알파고와 이세돌, 5G(5세대 이동통신) 상용화, 자율주행자동차/무인자동차 시대의 도래와 윤리적 딜레마, 햄버거병(용혈성 요독 증후군), 카페 일회용컵 규제(머그컵 사용), 옥시 가습기 살균제 사건, 살충제 달걀, 지속가능한 개발 가능한가, 축전지 개발(칼륨 이온 전지, 마그네슘 이온 전지 등), 랜섬웨어, GMO(유전자 변형 생물), 암 게놈 의학(분자 표적 치료제), 게놈 혁명, 유전자 가위, 유전자 조작 연구 규제, 인간 배아 연구, 과학자의 가치중립성, 유전자 교정과 윤리, 유전자 편집 아기(맞춤 아기), 홍역의 역습, 질량 단위 재정의, HTTPS 차단 논란, 디지털 포렌식, 태양탐사선 파커, 중국의 우주굴기, 남극 빙하 연구, 보호무역주의(미국과 중국 사이에 놓인 IT기술), 소외지역에 고속 데이터 통신망 설치와 컴퓨터 교육, 클라우드, 중국 폐기물 수입 규제 확대, AI반도체 도입, 남북 ICT 교류, 친환경 ICT, 스마트 디바이스 혁신, VOD 서비스, 구글에 지도반출 허용해야 하나, 쓰레기봉투 실명제 필요한가, 무인점포 증가, 무인자동주문기 '키오스크' 확산, ASMR(자율 감각 쾌락 반응), 백색소음(White noise), 디지털 포렌식, 코로나19 확진자 동선 추적 조사(국민 알 권리/감염병 확산 방지 효과/선제대응 vs 인권 침해/사생활 침해), 팬데믹(Pandemic), 독감백

신 상온 노출, 2019년 WHO '게임 중독'을 새로운 질병으로 등록, 아프리카돼지 열병(ASF) 발병, 조류 인플루엔자(AI) 발병 증가, 틱톡(TikTOK), 성범죄자알림 e, 디지털교도소(국민 알 권리/성범죄 경종 vs 사적 제재/인권침해/무고한 피해 자), CTO(최고기술책임자), 메모리/비메모리/시스템 반도체, 이미지 센서, 전고 체 배터리, 2차 전지 배터리, 화학전지, 수소전지, 태양전지, COVID-19 Virus, 코로나 팬데믹과 백신 기술, 코로나 백신 접종 거부(개인의 선택 vs 국민 안전/국 민 건강권), 코로나 블루, 포스트 코로나/위드 코로나 시대의 장단점, 사회적 거 리두기, 델타 변이, 집단 면역/면역 우산, PCR 검사, K-방역, 코로나 백신 부스터 샷, G7 코로나 백신 저소득 국가에 기부, 백신여권, 코로나19로 중국인 입국 금 지 논란, 코로나 불평등, 오미크론 변이, 탄소 중립(넷 제로), 탄소발자국, 탄소세, 탄소국경세, 바이오 에너지, 메타버스(Metaverse)/게더(Gather), 메타버스 플랫 폼 제페토(ZEPETO), 디지털 트윈, 반도체 분야에서 '꿈의 신소재'로 불리는 '그 래핀' 세계 최초 제작, OTT, 시스템 다이내믹스, GIS(Geographic Information System), 순수 국산 기술로 만든 우주선, '누리호' 나로우주센터에서 발사, 동물실 험 윤리적 찬반 논쟁, 알고리즘 활용 광고의 장단점, 사회적 거리두기로 인한 쓰 레기 배출량 증가, 디지털시대의 독서 유용성, 후성유전학, 수술실 CCTV 설치 찬반, 계면활성제, 핀테크, 케이블카 설치 찬반, 미세먼지 재난, 2019년 '미세먼지 특별법' 시행, 황사, 미세플라스틱 문제, 생분해성 플라스틱, 요소수 사태, 기후변 화와 전기자동차/수소전기자동차 개발, DNA와 미래 과학 기술, 석탄 화력발전 소 폐기 찬반, 에코투어리즘, 슬로우시티, 그린시티, 장기기증 옵트인(OPT-IN)- 옵트아웃(OPT-OUT) 제도 찬반

법 · 행정 · 정치 · 외교 · 국방

시드 베치와 북한·중국과 외교 마찰, 북한 핵·미사일 도발, 한국도 핵무장해야 하 나, 남·북 정상회담, 남·북·미 정상회담, 전시작전권 환수 논쟁, 핵·WMD 대응체 계(←한국형 3축 체계), NLL 논란, 한·일 군사정보보호협정(GSOMIA·지소미

아) 파기 결정, 한일 군사 갈등 심화, 일본 제품 불매 운동, 일본의 화이트리스트에서 한국 제외, 일본의 독도·위안부 문제 등 역사왜곡, 베를린 소녀상 전시 중단 논란, 동북공정(고구려, 발해), 서북공정(위구르), 서남공정(티베트), 위안부 배상 문제, 일본의 독도 영유권 주장, 중국의 일대일로(One belt, One road), 중국의 신장 위구르 인권 탄압, 주한 미군 방위비 인상 논쟁, PC(Political Correctness), 검찰 개혁, 패스트트랙(Fast Track, 신속처리안건), 조국 법무장관 임명, 국회의원 정원 감축, 청탁금지법(김영란법), 박근혜 전대통령 탄핵, 착한 사마리아인법, 포퓰리즘(대중주의, 인기영합주의), 음주 운전 단속 및 처벌 강화, 윤창호법, 교수·학자들의 정치 참여 바람직하나(폴리페서), 흉악범 얼굴 공개해야 하나, 흉악범 공소시효 연장 찬반 논쟁, 나이 계산 '만 나이'로 바꿔야 하나, 복면금지법 찬반 논란, 노키즈존 필요한가, 24세 이하 술광고 금지 바람직한가, 전직 대법관 변호사 개업 막아야 하나(전관예우), 간통제 폐지 옳은가, 어린이집 CCTV 설치 의무화 해야 하나, 블랙리스트 vs 화이트리스트, 피의자 공개 소환 전면 폐지(국민의 알권리 vs 인권 침해), 홍콩 민주화 시위, 2019년 직장 내 괴롭힘 방지법 시행, 미얀마 쿠데타, 브렉시트(Brexit), 촉법소년 나이 인상 논쟁/소년범의 증가와 소년법 폐지 논란/만 19세 미만 소년 범죄 처벌 강화해야 하나(법의 형평성 vs 처벌만능주의), 만 18세 선거권 연령 낮춰야 하나, 아프가니스탄 미군 철수와 탈레반 여성 인권 탄압(부르카 착용), 위안부 문제와 '피해자 중심주의', 수술실 CCTV 설치 의무화법 국회 통과, 차별금지법 찬반, 고위공직자범죄수사처(공수처) 출범, 공무원 증가와 파킨슨의 법칙, 중대재해처벌법, 국토보유세, N번방 방지법

사회·문화·교육·노동

층간소음(이웃 간 소통 단절 vs 부실공사), 온라인·오프라인 의사소통방식의 장단점, SNS(소셜 네트워크 서비스)의 장단점, 소셜 미디어의 영향, 1인 미디어 시대의 장단점, 레거시 미디어(Legacy Media), 사이버 불링, 드루킹, 여론조사의 함정, 출구조사의 오류, 양심적 병역거부, 대체복무제, 유승준 국민청원, 이공계 등

병역특례 폐지해야 하나, 아시안게임 병역면제, 운동선수들과 순수예술인들의 병역특례 논쟁, 낙태 금지는 위헌(여성의 자기결정권 vs 생명존중/태아 생명권), 낙태죄에 대한 헌법재판소의 헌법불합치 결정, #me too, 페미니즘, 워마드, 일베, 미러링, 젠더프리 교육, 사립유치원 비리, 유치원 아동학대, 저출산·고령화, 이민 정책 타당한가, 유럽 난민 수용, 제주도 예멘 난민 수용, 세월호 사건, 혼밥·혼술 혼자의 시대, 1인 가구 증가의 원인과 해결방안, 반려동물 안락사, 반려동물 공공 화장장 필요한가, 안락사/존엄사 찬반 논쟁, 사형제 찬반 논쟁, 로스쿨 귀족학교 인가, 국민의 알 권리 어디까지인가(국민의 알 권리 vs 인권침해), 퀴어 축제(성 적 소수자 축제), 두발 자율화, 숙명여고 시험지 유출, 고교상피제, 국정교과서 폐 지, 학교폭력 증가, 신조어와 줄임말, 이모티콘, 야민정음, 급식체, 3.1운동 100 주년, 먹방에 관심을 갖고 열광하는 이유, SKY 캐슬 열풍과 학생부종합전형 공 정성 논란, 유튜버 열풍, 웹툰 열풍, 한류의 원인과 지속가능한 발전방안, 데이트 폭력, 교과서 자유발행제 도입, 생존 수영 확대, 서술형 평가 증가, 2025년 특목 고 일반 학교로 전환 논란, 혁신학교 증가, 국제 바칼로레아(IB) 공교육 시범 도 입, 문이과 통합교육, 2025년 고교학점제 도입, 코딩교육, 조국 이슈, 고교 내신 성취평가 찬반, 미술품 대작(代作) 허용해야 하나, 교내 휴대폰 사용 허용해야 하 나, 야간자율학습 폐지해야 하나, 교육감 직선제 폐지해야 하나, 학제단축 필요한 가, 대학 가을학기제 도입 옳은가, 특수학교 설립과 님비 현상, 화장터 유치와 님 비(NIMBY) 현상, 핌피(PIMFY) 현상, 방탄소년단(BTS) 병역 특례(국위 선양 vs 병역 의무/형평성·공정성), 악플금지법 도입 논란, 고교 무상교육 2021년 전 면시행, 보편적 교육복지(무상급식, 무상교육), 국가인권위 민법에서 '자녀 징계 권' 삭제하고 '체벌 금지' 신설 제안, 의사고시 거부 의대생 구제 논란(잘못된 정책 추진/정부에 의해 강요된 선택 vs 집단이기주의/특혜·특례), 젠더/페미니즘 갈등, 능력주의와 공정, 주 52시간제, 최저임금 인상, ILO 핵심협약 비준, 고용보험 확 대, 기초연금 인상, 건강보험 보장성 강화, 치매국가책임제, 가스라이팅, MZ세대 의 특징, 가짜 뉴스 처벌 vs 표현의 자유, 기레기와 기자윤리, 의사표현의 자유 어 디까지, 댓글의 익명성/익면성, 영화 기생충 칸 영화제와 아카데미를 석권, 기생 충과 사회불평등, 배우 윤여정 오스카 여우조연상 수상, 미디어 리터러시(media literacy), 오징어 게임과 공정(평등), 무인키오스크 영업/QR 코드 결제 전용 가게 등 '현금 없는 사회'의 장단점, 코로나19로 청소년들의 인터넷, 게임, 스마트폰 사용 증가의 문제점, 반려동물로 인한 사고 발생 대처방안, 델파이 기법, K-POP 등 한류의 문제점과 보완점, Black Lives Matter 조지 플로이드 사건, 비대면 문화콘텐츠 확산, 노년층의 디지털 소외 문제, 간호사 '태움' 문화, 워라벨, 포모증후군(소외 공포증)과 소셜미디어, 코로나로 의한 '원격교육(온라인교육)'의 문제/장단점, 특수학급 vs 통합학급, 문이과 통합교육, 문이과 통합 수능, 학령인구 감소, 다문화교육/한국어교육, 채식 급식, 대체 공휴일 확대 논란, 블렌디드 러닝(Blended Learning, 혼합형학습)=온라인수업+오프라인수업, 플립러닝(Flipped Learning, 역전학습, 거꾸로학습)=온라인수업+오프라인수업, 언택트 시대의 도래, 에듀테크(Edutech), 노키즈존 찬반, 키즈시즘(Kidscism), 레이시즘(Racism, 인종차별)

05

고입, 자기소개서 양식

〈자기소개서 작성 시 유의사항〉

1. 자기소개서는 평가를 위한 중요한 자료이므로 반드시 본인이 작성하여야 하며, 사실에 입각하여 정직하게 건학이념과 연계한 자신의 지원동기, 꿈과 끼를 살리기 위한 활동계획, 진로계획 등을 기술하십시오.

   ※ 자기소개서의 대리·허위·표절 작성 시에는 사후에도 **입학 취소 등 불이익 부과**

2. 자신의 경험이나 사례 등을 들어 구체적으로 작성하되, 본문에는 학생 본인을 식별할 수 있는 내용, 부모의 사회·경제적 지위를 유추할 수 있는 내용(기재시 10% 이상 감점 처리됨), 영어 등 각종 인증시험 점수, 경시대회 입상실적(우회적·간접적 기재 포함), 자격증 취득 사항 등(기재 시 0점 처리됨)은 기재하지 마십시오.

3. 반드시 본 서식을 사용하여 1,500자 이내(띄어쓰기 제외)로 제시된 형식에 따라 작성하십시오.

4. 본 서식은 '서술형' 혹은 '개조식'으로 기술이 가능하며 '경어체'를 사용하지 않아도 됩니다.

5. 표지와 본문이 분리되지 않도록 좌측 상단을 '클립'으로 집어 주십시오.

   ※ **스테이플러 사용 금함**

6. 자기소개서는 입학전형 및 입학 후 학생 지도 자료로 활용되며, 비공개 문서로 관리됩니다.

7. 수험번호는 공란으로 두십시오.

□ 나의 꿈과 끼, 인성(1,500자 이내)

> ○ 본인이 스스로 학습계획을 세우고 학습해 온 과정과 그 과정에서 느꼈던 점, 건학이념과 연계해 ○○고등학교에 지원하게 된 동기, 고등학교 입학 후 자기주도적으로 본인의 꿈과 끼를 살리기 위한 활동계획 그리고 고등학교 졸업 후 진로계획에 관하여 구체적으로 기술하십시오.
> ○ 본인의 인성(배려, 나눔, 협력, 타인 존중, 규칙준수 등)을 나타낼 수 있는 개인적 경험 및 이를 통해 배우고 느낀 점을 구체적으로 기술하십시오.

〈자기주도학습 과정〉

1. (지원하는 학교에 대해 정확히 알자!) 지원동기를 쓰기 위해서는, 가장 먼저 지원하는 학교에 대한 정보를 정확하게 파악하고 있어야 합니다. 지원하고자 하는 학교의 특성, 학교에서 원하는 인재상과 같은 내용을 아는 것이 중요합니다.

2. (지원하는 이유를 생각하자!) 지원동기를 쓸 때, 가장 중요한 것은 왜 그 학교에 지원하고자 하는지에 대한 명확한 이유를 밝히는 것입니다. 일반적이고 전형적인 내용보다는 자신만의 특별한 지원동기를 가지고 작성해야 합니다.

3. (노력한 과정을 쓰자!) 지원동기를 쓸 때에는 그 학교에 지원하기까지의 자신의 노력을 보여주는 것 또한 놓쳐서는 안 될 부분입니다. 자신이 그 학교에 지원하기 위해 했던 노력 및 그 정도에 대한 전체적인 과정을 구체적으로 쓰는 것이 중요합니다.

4. (앞으로의 비전을 쓰자!) 지원동기를 쓸 때, 그 학교에 지원하게 된 이유를 밝히는 것만큼 그 학교에 입학한 후 어떠한 비전을 가지고 자신의 꿈과 끼를 키워 나갈 것인지를 쓰는 것도 중요합니다. 지원하는 학교에서 제시하는 비전과 자신의 비전이 일치한다면 더 좋을 것입니다.

5. 지원동기나 앞으로의 계획이 전체 글을 구성하기 위해 필요는 하나 이 부분보다는 자기주도학습 과정과 관련된 지원자의 학업적 역량을 드러내는 것이 더욱 중요합니다.

〈인성과 관련된 경험 등〉

1. (기본적인 것들만 쓰지 말자!) 인성 영역을 쓸 때, 많은 친구들이 오해하고 실수하는 부분이 바로 본인의 인성을 설명하는 형식으로 쓴다는 것입니다. 학교에서 원하는 것은 본인이 직접 경험했던 몇 가지 일화에 관한 것입니다. 기본적인 정보만 나열해서 쓰는 것은 독이 될 수 있습니다.

2. (사례나 에피소드를 쓰자!) 인성영역을 쓸 때, 앞서 말한 것처럼 기본적인 정보들이나 사실들을 쓰는 것은 위험할 수 있습니다. 성장하는 과정 속에서 자신의 인성이 형성되는 데 영향을 주었던 사례나 에피소드를 구체적으로 기술해야 합니다.

3. (그 학교에 필요한 사람임을 어필하자!) 지원하는 학교마다 학생들에게 원하는 인재상이 있습니다. 인성 영역을 쓸 때에는 성장 과정 속에서 형성된 본인의 모습이 지원하고자 하는 학교의 인재상과 맞는 사람임을 어필하는 것이 중요합니다.

4. (진부한 표현은 쓰지 말자!) 인성 영역을 쓸 때, 많은 친구들이 누구나 다 쓸 수 있는 말을 쓰는 경우가 많습니다. 그렇기 때문에 성장 과정을 작성할 때에는 자신만이 겪은 특별한 경험을 참신하게 표현하는 것이 가장 중요합니다.

5. (간결하게 쓰자!) 인성 영역에서는 짧은 인생이지만 다른 사람들과는 차별화될 수 있는, 자신만의 성장 과정을 보여주어야 합니다. 그렇기 때문에 자신만의 특징을 보여줄 수 있는 사례나 에피소드를 간결하게 작성하는 것이 중요합니다.

자기소개서 작성 방법

1. 사이트에 직접 작성하거나 미리 한글파일에 저장해 놓았다가 그 내용을 '복사해서 붙이기' 할 수 있습니다.

2. 2단계 결재 이후에도 자기소개서를 수정할 수 있습니다.

3. 각 영역의 배점(자기주도학습 영역 25점, 인성 영역 15점)을 참고하여 영역 구분이 없이 1,500자 (띄어쓰기 제외) 이내 작성하면 됩니다. (영역별 단락구분은 해도 되고 안 해도 됨)

4. 자기주도학습 영역과 인성 영역은 순서 상관없이 작성하면 됩니다.

5. 학교생활기록부에 없는 내용에 대해 자기소개서에 써도 됩니다. (단 배제사항에 해당하는 내용을 기재하지 않도록 유의)

6. 봉사활동에 기록된 내용을 언급할 경우 구체적 기관명은 언급하지 않습니다.

   (예시 : '다문화센터에서...'(O), '도서관에서...(O)' → 표현 사용 가능
   　　　 '고양시다문화센터에서...'(X), '식사도서관에서...'(X) → 지역명, 이름 삭제)

7. 배제사항을 꼭 읽어보고 작성하세요. 배제사항과 관련하여 불안한 점이 있다면 학교에서 했던 활동을 중심으로 기재하도록 권고합니다.

※ 배제사항과 관련된 내용 예시입니다. 이외에도 배제사항에 관한 규정을 읽어보고 이에 해당될 위험이 있다고 판단되는 경우 기재하지 않도록 권고합니다.

1) 어학인증이나 능력시험에 관련된 모든 내용 언급 불가 : 금칙어로 설정
   - HSK대비 방과 후 수업을 통해 언어능력을 키움 (x)
   - 토익을 통해 지속적으로 영어 능력 향상에 힘씀 (x)

2) 교과목의 점수, 석차 언급 불가

3) 학교가 아닌 기관에서 주관한 대회/경시대회 언급 불가

4) 교내 대회의 경우 수상 실적이 아닌 대회 준비과정에서의 활동내용 언급 가능
   - 과학탐구대회 준비 중 주제 선정 과정에서 친구들과 의견이 맞지 않았다 (O)
   - 역사 UCC대회를 통해 일본의 만행에 대해 다시 한 번 알게 되었다 (O)

5) 교내대회라 할지라도 경시대회 입상 실적 또는 대회 입상 실적 우회적 표현도 불가
   - 교내 과학탐구대회에서 좋은/우수한 결과를 얻었다. (x)

6) 교과우수상 등 모든 수상 관련 언급 불가

7) '영재'에 관련된 모든 내용 언급 불가 : 금칙어로 설정
   - 교내 영어영재동아리를 통해 영어 실력을 향상시킴 (x)

8) 해외어학연수 언급 불가

9) 경기도 교육청 경기꿈의학교 언급 가능(O)

10) 학교 내 동아리활동, 학급 반장, 학생회장 등 임원활동 언급 가능(O)

11) 이외 배제사항 해당 항목 참고

※ 자기소개서 내용

영 역	내 용
자기주도학습 (꿈과 끼 영역)	• **자기주도학습 과정** : 학습을 위해 주도적으로 수행한 목표 설정·계획·학습 그리고 그 결과 평가까지의 전 과정(교육 과정에서 진로체험 및 동아리 활동, 꿈과 끼를 살리기 위한 활동 및 경험 등 포함) • **지원동기 및 진로계획** : 국제계열 특수목적고인 고양국제고에 관심을 갖게 된 동기, 꿈과 끼를 살리기 위한 활동계획과 진로계획
인성 영역	• **봉사 체험활동**을 포함한 배려, 나눔, 협력, 타인 존중, 규칙준수 등의 활동을 통해 배우고 느낀 점 등 • 위에 제시된 것 이외에 학생이 발굴하여 작성 가능

※ 자기소개서 작성 시 배제사항

【자기소개서 작성 시 배제사항】	
기재 시 (면접에서 언급 시) 0점 처리	• TOEFL·TOEIC·TEPS·TESL·TOSEL·PELT·HSK·JLPT 등 각종 어학인증시험 점수, 한국어(국어)·한자 등 능력시험 점수, 교과목의 점수나 석차, 교내·외 각종 대회 입상 실적, 자격증, 영재교육원 교육 및 수료 여부 등 • 인증시험 및 경시대회 입상 증빙자료를 참고자료로 제출하는 경우
기재 시 (면접에서 언급 시) 해당항목 10% 감점	• 부모(친·인척 포함)의 사회·경제적 지위의 직·간접적 우회(암시)적 표현 　예) 부모(친·인척 포함)의 구체적인 직장명이나 직위, 소득수준, 고비용 취미 활동(골프, 승마 등), 재학 중인 학교에서 주관하지 않은 모둠 및 프로젝트 활동(사설 학원 및 기관에서 추진하는 교과 관련 활동) 등 • 이름, 출신중학교 등 지원자 본인임을 알 수 있는 인적사항 등의 직·간접적 우회적 표현

【잘못된 자기소개서(본문) 작성 사례】

- 중학교 1학년 때 처음 TOEIC 시험에 응시해 450점을 받았습니다. 이후 영어공부에 매진한 결과 850점을 얻으며 "노력은 결과를 배신하지 않는다."라는 깨달음을 얻게 되었습니다.
- 영어 성적이 100점이 되어 전교 1등이 되었습니다.
- 중2 겨울방학 중 ○○○에서 주최하는 ○○○○ 경시대회에 참가해 2위 입상이라는 쾌거를 올렸습니다.
- 어렸을 적부터 영어 공부를 열심히 해서 영어인증시험에서 최고 수준에 도달하였고, 전국 단위의 대회에 출전하여 매우 우수한 결과를 얻었습니다.
- ○○지검 검사장이신 아버지를 따라 어렸을 때부터 법조인의 꿈을 키웠습니다.
- ○○방송반에서 동아리 활동을 했습니다(출신 중학교명을 암시하는 경우).
- 기타 배제사항을 우회적으로 표현한 문구

※ 유의사항

1) 대리작성, 허위작성, 표절 시에는 사후에도 입학취소 등 불이익을 부과함.
2) 인증시험 및 경시대회 입상 증빙자료를 참고자료로 제출할 수 없음.
3) 자기소개서에 배제사항을 기재하거나 이와 관련된 증빙자료를 제출한 경우, 혹은 면접에서 언급한 경우 입학 전형위원회의 심의를 거쳐 0점 처리, 감점, 불합격 처리 등의 불이익을 부과함.

06

외국어고등학교 면접 기출문제

■ 외고, 국제고, 자사고, 과학고, 영재학교 기출문제는 해당 고등학교 홈페이지에 탑재돼 있다. 비공개 기출문제는 '특목고 갈 사람 모여라(https://cafe.naver.com/goldschools/697366)' 카페가 유용하다.

■ 외국어고등학교(外國語高等學校), 약칭 외고(外高)는 특수목적고등학교 가운데에서도 외국어를 중점적으로 배우는 학교이다. 대한민국의 외국어고등학교는 대부분 사립 고등학교이나, 일부 국공립 고등학교 가운데에도 외국어고등학교가 있다. 2021년 기준으로 전국 30개 교가 있다.

⊙ 김포외고 기출문제

■ 자기주도학습 영역

• 뮤지컬 관련 글을 작성하고 영어로 번역하는 학습활동에서 영어로 번역하기 어려운 표현들을 어떠한 과정을 통해 번역할 수 있었나요?

• 셀프 학습의 문제점이 있다면 무엇이었으며, 친구와 함께하는 스터디 그룹 학습법에 주의해야 할 사항에 대해 말해보세요.

• 영자신문반에서 신문기사를 작성했다고 했는데, ○○외고 영자신문반

에서 기자로서 활동한다면 어떠한 주제로 기사를 다루고 싶은지 말해 보세요.

• 영어 공부를 하며 읽은 연설문 중, 자신의 삶에 영향을 준 연설문이 있나요? 있다면 어떤 내용이고 생활에 어떤 변화를 가져다 줬나요? 단, 연설문은 한국말로 이야기하세요.

■ 인성 영역

• 질서활동부 활동을 통해서 배운 리더로서 역할과 자질, 태도는 무엇이라고 생각하나요?

• 중요한 시험 전날 만약 고민 상담을 요청하는 학급친구가 있다면 어떻게 대처할 것인지 구체적으로 말해보세요.

• 장애인을 주제로 뮤지컬을 기획한다면 어떤 내용의 뮤지컬을 만들 것인지 자신의 봉사활동 경험을 바탕으로 말해보세요.

■ 지원동기, 학습계획, 진로계획 영역

• 뮤지컬 연출가로서 가장 필요한 자질과 소양은 무엇이라고 생각하나요?

• 뮤지컬 연출가가 된다면 제작하고 싶은 역사와 관련된 주제의 공연은 무엇이며 그 이유는 무엇인가요?

• 뮤지컬 연출가에게 가장 중요한 자질이 무엇이라고 생각하는지 한 가지만 이야기하고, 본교에서 그러한 자질을 함양하기 위해 구체적으로 어떤 노력을 할 것인지 말해보세요.

*2020학년도 외고 경쟁률(일반전형 기준)

학교명	경쟁률	모집인원	지원인원
미추홀	2.35	153	359
성남	1.94	160	310
대일	1.89	200	378
수원	1.89	160	302
대전	1.82	200	364
명덕	1.81	200	361
청주	1.81	140	254
김해	1.74	100	174
이화	1.70	120	204
전남	1.64	100	164
대원	1.56	200	311
부산	1.49	200	297
울산	1.46	140	205
고양	1.45	200	290
서울	1.42	200	284
한영	1.42	200	283
강원	1.38	97	134
경남	1.38	160	221
안양	1.38	200	275
경기	1.37	160	219
부일	1.33	160	213
동두천	1.31	160	209
충남	1.31	108	141
과천	1.30	189	245
김포	1.23	160	197
인천	1.20	180	216
전북	1.16	128	148
대구	1.12	120	134
경북	1.00	100	100
제주	0.94	80	75
계	1.51	4,675	7,067

◎ 대일외고 기출문제 모음

[문제 1] (자기소개서 기반)

영자신문 읽기반에서 가장 기억에 남는 기사와 느낀 점은 무엇인가요? 가장 기억에 남는 원서와 이유는 무엇인가요?

[문제 2] (시사 문제)

우리나라 외교 수준 평가와 개선해야 할 점은 무엇이라고 생각하나요? 독일 통일 문제에서 본받아야 할 점은 무엇이라고 생각하나요?

◎ 부일외고 기출문제 (2019학년도)

동승(同乘) 하종오

국철 타고 앉아 가다가
문득 알아들을 수 없는 말이 들려 살피니
아시안 젊은 남녀가 건너편에 앉아 있었다
늦은 봄날 더운 공휴일 오후
나는 잔무하러 사무실에 나가는 길이었다
저이들이 무엇하려고
국철을 탔는지 궁금해서 쳐다보면
서로 마주 보며 떠들다가 웃다가 귓속말할 뿐
나를 쳐다보지 않았다
모자 장사가 모자를 팔러 오자
천 원 주고 사서 번갈아 머리에 써보고
만년필 장사가 만년필을 팔러 오자
천 원 주고 사서 번갈아 손바닥에 써보는 저이들

문득 나는 천박한 호기심이 발동했다는 생각이 들어서
황급하게 차창 밖으로 고개 돌렸다
국철은 강가를 달리고 너울거리는 수면 위에는
깃털 색깔이 다른 새 여러 마리가 물결을 타고 있었다
나는 아시안 젊은 남녀와 천연하게
동승하지 못하고 있어 낯짝 부끄러웠다
국철은 회사와 공장이 많은 노선을 남겨 두고 있었다
저이들도 일자리로 돌아가는 중이지 않을까

[문제 1] '나'가 부끄러워 한 이유가 무엇인가?

[문제 2] 세계시민이 갖춰야 할 자세가 무엇인가?

◎ 대원외고 기출문제 모음

• 다른 외고도 많은데 우리 학교에 지원한 이유가 무엇인가요?

• 토론 동아리에서 '남녀공학 교육이 효과적인가?'라는 토론주제를 가지고 어떤 주장을 펼쳤고, 어떤 방식으로 토론하였습니까?

• 어떤 위인전을 읽었는지 설명하고, 느낀 점은 무엇인지 말하세요. 위인전을 많이 읽었을 때 장단점은 무엇인가요?

• 꿈이 패션 CEO인데 대원외고에 와서 그 꿈을 이루기 위해 어떤 활동을 할 계획인가요?

• 법률 동아리에서 판사로 활동했는데 갈등해결은 어떻게 했고 구체적인 판결내용은 무엇입니까?

- 3년 동안 봉사활동을 하며 느낀 점과 대원외고에 와서 어떤 봉사활동을 할 예정인가요?
- 대원외고에 들어와 어학당 활동을 하고 싶다고 했는데 멘토와 멘티의 차이점은 무엇입니까? 그리고 멘토 멘티가 잘 맞지 않으면 해결방법은 무엇입니까?
- 영어공부를 미국드라마를 보고 했다고 했는데 구체적인 학습법은 무엇입니까?

◎ 수원외고 기출문제 모음

- 수원외고에 오면 기숙사생활로 새로운 환경을 접하게 될 텐데, 본인이 이 환경에 잘 적응할 수 있을지, 없을지와 그 구체적인 이유를 말해보세요.
- 자기주도학습을 통해 겪은 내적 성장이 무엇인가요?
- 수원외고에 들어와서 어떤 동아리에서 활동하고 싶은가요?
- 『떡갈나무 바라보기』에서 서술한 고정되고 제한된 틀을 깨뜨린 예와, 자신의 실생활에서 어떻게 적용하고 싶은지 말해보세요.
- 모둠활동을 통해 조원 중 피해가 되는 친구 때문에 조원 모두에게 피해가 예상된다면, 어떻게 할 것인지 말해보세요.
- 중국어와 장래희망은 어떤 연관이 있으며, 지원동기를 말해보세요.
- 자신만의 자기주도학습법이 갖는 장단점을 말해보세요.
- 자신에게 가장 효과적인 공부방법에 대해 말해보세요.

- 본교 프로그램 중 자신의 진로에 도움이 되는 것과, 그 이유를 말해보세요.
- 입학 후 학습계획을 세 과목의 예를 들어 설명해보세요.
- 입학 후, 입시 위주의 학습이 불가피한데, 어떻게 할 계획인가?
- 입학 후 학업 및 진로계획에 대해 말해보세요.
- 해당학과 어학을 독학할 계획이라는데, 부족한 시간에 어떻게 공부할 것인지 말해보세요.
- 해당학과에서 글로벌 인재로 자라나기 위한 발판을 어떻게 만들 것인지 말해보세요.
- 동아리에서 어떤 국제문제를 다뤄보고 싶으며, 그 이유는 무엇인가요?
- 동아리에서 조장이 된다면, 어떤 일을 하고 어떻게 이끌 것인지 말해보세요.
- 도서관에서의 독서활동을 구체적으로 말하고, 최근 도서관에 읽은 책을 말해보세요.
- 꿈을 갖게 된 계기와 롤모델이 있다면 말해보세요.
- 본인의 ○○○로서 자질 세 가지를 말하고, 그중 자신에게 부족한 것과 극복방법을 말해보세요.
- 일본과 우리나라 문화의 비슷한 점과, 다른 점, 배우고 싶은 것에 대해 말해보세요.
- 타국의 동계올림픽 유치 성공요인과 우리나라의 실패요인에 대해 말해보세요.
- 타국을 우리나라에 소개한다면 어떻게 소개할 것인지 말해보세요.
- 학교폭력이 근절될 수 있다고 생각하나요?

- 남에게 배려 받은 사례에 대해 말해보세요.

- 어떤 방식으로 어른들을 이해하게 되었나요?

- 진정한 배려를 깨달았던 다른 예가 있으면 두 가지만 더 말해보세요.

- 부모님의 반대 등으로 미래자신의 꿈과 현실 사이에 타협할 순간이 온다면 어떻게 할 것인지 말해보세요.

- 조별활동에서 개인행동을 하는 조원이 있다면 어떻게 조원을 이끌어 낼 것인지 말해보세요.

- 수요 집회의 의미는 무엇이며, 위안부 문제가 해결되지 않는 이유는 무엇인지 말해보세요.

- 인권이란 무엇이라 생각하는지 말해보세요.

- 체육대회에서의 남녀갈등에서 학생이 화해를 위해 기여한 점은 무엇인지 말해보세요.

- 학교가 다문화가정 자녀의 개성을 존중해주지 못하는 이유와 해결책에 대해 말해보세요.

- 봉사를 통해 느낀 진정한 나눔에 대해 구체적인 사례를 들어 설명하세요.

- 모둠평가의 장단점을 말하고, 단점을 어떻게 보완할 것인지 말해보세요.

- 유학을 통해 잃은 것과 얻은 것이 있다면 무엇인지 말해보세요.

- 성범죄자의 얼굴 공개에 대해 찬반을 말해보세요.

- 등장인물처럼 의지가 부족한 친구가 주변에 있다면 어떻게 도울 것인지 말해보세요.

- 공자의 가르침이 21세기 사회에 미친 영향에 대해 사례를 들어 설명해보세요.

- 타국 문화와 타국 역사를 연계하여 문화와 역사를 관련짓는 시각에 대

해 말해보세요.

- 최근 읽어본 인문학 책이 있나요?
- 수원외고가 추구하는 변화, 창조, 도전 중 자신은 어디에 가장 부합되며, 그 이유는?
- 중국어를 배우고 싶은 이유는?
- 자신만의 공부법이 있다면 말해보세요.
- 자기주도학습능력이 중요하다는 것을 알게 된 시기와 계기는?
- 친구가 필요한 학습법인데, 혼자서 어떻게 공부했나요?
- 영어, 수학 중 한 과목만 우수할 수 있다면 어떤 과목을 더 잘하고 싶은가요?
- 다른 과목 학습법은? 어떤 방법으로 공부계획을 세웠나요?
- 가장 도움이 된 원서의 제목과 그 (주제/구절) 이유는?
- 고교 때까지 유지하고 싶은 자신만의 학습방법은?
- 공부하기 가장 힘들었던 과목과 그 극복방법은?
- 사교육 없는 학습에서 공부하다 어려운 부분은 어떻게 해결했나요?
- 입학 후, 학습량은 당연히 많아지는데 시간 관리 계획은?
- 입학 후, 학습에 대한 자신감을 잃는다면?
- 진학 후 가입하고 싶은 동아리는?
- 입학 후 비교과활동 계획은?
- 기숙사 생활에서 가장 큰 문제가 될 행동들은 무엇이라 생각하나요?
- 중학교 시절 가장 자신감을 크게 잃었던 경험과 그것을 극복했던 방법은?
- 목표가 생기기 전과 생긴 후의 가장 큰 변화는?

- 봉사자들에게 대한 학생의 생각에 대해 말해보세요.
- 봉사활동 후 자신의 생활태도에 변화된 점이 있다면?
- 교육봉사를 하기 위한 구체적인 방법은?
- 반납 도서를 배열할 때 좀 더 효율적이고 창의적인 방법이 있다면?
- 타인을 감동시키기 위해 한 행동이 있다면?
- 체험활동에서 맡은 역할을 하면서 느낌 점은?
- 배려와 나눔을 실천한 사례가 있다면?
- 착하지만 지식이 부족한 선생님과 지식은 많으나 착하지 않은 선생님 중 누가 더 좋은가?
- 신문스크랩은 언제부터 했으며, 자신에게 어떤 영향을 주었나요?
- 이상적인 사회란 어떤 사회라고 생각하나요?
- 기숙사에서 가장 큰 문제가 될 행동은 무엇이라 생각하나요?
- 친구에게 자신의 요구를 말하고 설득했던 경험을 말해보세요.
- 학급에서 소외된 친구를 도와본 적이 있나요?
- 훌륭한 세계인으로서 필요한 자세는 무엇이라 생각하나요?
- 지원자의 장래희망과 지원 학과의 공부는 어떤 연관성이 있나요?
- 진로설정의 계기는?
- 꿈을 이루기 위한 구체적인 방법은?
- 꿈을 이루기 위해 어떤 공부를 어떻게 하고 싶나요?
- 꿈과 지원 학과는 어떤 연관성이 있나요?
- 해당 진로에는 다양한 분야가 있는데, 구체적으로 어떤 분야를 말하는 것인가요?
- 외국문학과 한국문학 중 어떤 것을 번역하고 싶나요?

- 꼭 번역해보고 싶은 책이 있다면?
- 읽어본 책 중 번역이 가장 아쉬웠던 책은?
- 회계사의 자질 중 꼼꼼함 외에 더 필요한 것은?
- 회계사가 꿈인데, 경영학과를 가려는 이유는?
- CEO로서 어떻게 기업문화와 고객서비스를 통해 이윤을 창출할 수 있 나요?
- 글로벌리더란 무엇이며 전 세계에 큰 영향을 미치는 방법은 무엇인가요?
- 여행과 외교업무 중 자신에게 더 적합한 것은?
- 행정실무와 협상 중 자신에게 더 적합한 것은?
- 책의 주인공 이외의 인물들에 대해 설명해보세요.
- 책의 제목을 본인 기준으로 바꾸어 본다면?
- 주인공과 학생 자신을 비교해 본다면?
- 감명 깊게 읽은 책이 있다면?
- 역사에서 승자와 패자를 나누는 기준은?
- 대의를 위해 소의를 버리는 것이 옳다고 생각하나요?
- 자치법정에서 배심원 역할을 하면서 느낀 점은?
- 팔레스타인과 이스라엘의 갈등 관계에 대한 생각을 외교관으로서 말해 보세요.
- 독도 영유권 문제에 대해 자신의 생각을 말해보세요.
- 외교관이 책임감과 도덕성을 상실한 사례는 무엇이 있는가 말해보세요.
- 봉사활동 동아리에서 친구 튜터링 사례 후 느낀 점, 교훈을 말해보세요.
- 학생의 자기계발계획서 내용 중 '국제 감각'이란 무슨 의미인가요?
- 자기주도학습 후 느낀 점이나 배운 점이 있다면 말해보세요.

- 입학 후 프랑스어를 어떻게 공부할 것인지 학생의 비전을 말해보세요.
- 우수한 프랑스 문화는 무엇이고, 지원동기를 연결해서 말해보세요.
- 『한국의 아름다운 왕따이고 싶다』를 읽고 비판적 사고방식을 갖게 되었다면, 싸이 열풍을 비판적으로 말해보세요.
- 사람들이 프랑스어를 우수하다고 말하는데 그 이유는 무엇인가요?
- 계획서에 나온 많은 학습법을 하게 된 계기가 무엇인가요?
- 봉사를 간 요양원에서 가장 기억에 남는 분은?
- 파리 패션 학교를 졸업하고 의류 CEO가 되는 구체적인 과정을 말해보세요.
- 혼자하는 공부와 모둠으로 하는 공부는 어느 쪽이 더 효율적인가요?
- 학생신분으로 실천할 수 있는 '노블리스 오블리제'를 말해보세요.
- 다른 나라와 협상을 고려할 때 가장 먼저 고려해야 할 점은?
- 진실이 사회에 미치는 영향은?
- 우리나라 판사가 아니라 국제재판소 판사가 되려는 이유는?
- 지금 학생이 실천할 수 있는 용감하고 정의로운 삶이란 무엇이며, 어떻게 실천할 것인지 말해보세요.
- 외국인에게 알리고 싶은 한국문화는?
- 집에서도 역할분담을 하나요?
- 일회성 봉사활동에 대해 어떻게 생각하나요?
- 읽을 책을 선정하는 기준은?
- 인생에서 진정한 성공이란?

💬 수원외고 면접 후기

1. 수원외고가 본인의 꿈을 이룰 첫 번째 발판이라고 했는데, 이를 수원외고 인재상과 프로그램에 맞춰서 그 이유를 말하시오.

저는 방송기자가 되어서 사회의 진실을 알리고 싶습니다. 진실을 알리는 기자는 현재 대부분 기자들의 모습에서 변화해야 할 부분입니다. 또한 고정관념에서 벗어나 새로운 시각에서 글을 쓰는 창조하는 능력 또한 갖추어야 합니다. 그리고 국제부방송기자 중 중국전문기자가 되어 중국의 정치 사회적인 부분에 도전해야 합니다. 이러한 꿈을 가진 저에게 변화, 창조, 도전은 꼭 갖춰야 할 덕목이라고 생각하고 이는 수원외고 인재상과 부합된다고 생각합니다. 또한 방송기자는 의사소통 능력과 문화이해능력이 필요합니다. 수원외고는 전공어 특화수업과 영어수업이 잘되어 있어서 의사소통 능력을 키워줄 수 있으며 ccap프로그램을 통해서 중국과의 홈스테이를 진행할 수 있어 문화 이해 능력 또한 키워줄 수 있을 것입니다.

2. 4i방법의 구체적인 학습방법과 장점을 말하시오.

4i방법은 listening dictation shadowing rewriting을 하는 방법입니다. 저는 영어 듣기 문제집을 풀 때 처음에는 문제만 풀었지만 문제를 풀고 다시 확인하면 기억나는 부분이 없어 공부를 하고 있다는 느낌이 아니었습니다. 그래서 4i방법을 사용하게 되었습니다. 저는 이 방법을 통해서 듣기뿐만 아니라 구어체 구문과 숙어 단어 그리고 문법까지 모두 공부할 수 있었습니다.

266

3. 국제부방송기자가 된다면 쓰고 싶은 리포트의 주제와 그 이유를 말하시오.

저는 한중 FTA에 대한 기사를 쓰고 싶습니다. 현재 우리나라와 중국은 FTA를 체결하였습니다. 형식적인 문서만 완료가 되었지 아직 발효되지는 않았습니다. 아직 발효되지 않은 FTA이지만 찬성과 반대 입장이 격렬하게 대립하고 있습니다. 우리나라의 고부가가치 기술을 수출하는 입장과 우리나라 농부들의 피해에 대해 대립하고 있지만 뉴스나 신문에서는 FTA가 양국에 모두 발전만 기여할 것이라고 합니다. 중국 내부에서도 한국의 기술 때문에 걱정하는 부분이 있을 것입니다. 저는 이렇게 알려지지 않은 일반사람들의 이야기를 진실적으로 방송하고 싶은 방송기자가 되고 싶습니다.

4. 투발루의 기후난민 원인과 해결방안에 대해 토의하였다고 했는데 원인과 해결방안을 말하고 토의 과정이 자신에게 미친 영향을 말하시오.

토의를 하면서 원인과 해결방안을 찾아야 했습니다. 그래서 나오게 된 원인은 선진국들의 이기주의입니다. 선진국들은 이미 풍요로운 생활을 함에도 불구하고 더 많은 것을 원하기 때문에 에너지를 과다하게 사용합니다. 이런 상황에서 그들은 투발루인들처럼 국가를 잃은 사람들을 생각하지 않고 에너지를 더 많이 사용합니다. 이를 해결하기 위해서는 기아체험 활동 중에서 나온 원인이나 각종 자료들을 각 학교 학생들에게 배포하고 학생들의 인식변화에 기여하자는 내용이 나왔습니다. 또한 SNS에 기후난민에 대한 글을 영어와 한국어로 작성해 펜팔 친구들을 통해서 여러 국가에 알리자는 의견이 나왔습니다. 저는 이런 토의 활동을 하면서 기아에 대한 사실을 알고 문제를 생각해보게 되었습니다. 이 생각은 활동 참여자라면 모두 했을 것입니다. 저는 이뿐만 아니라 토의 과정에서 갈등 조정 방법에 대해서 배웠습니다. 저는 이번 토의 활동에서 개인마다 의견이 달라서 갈등을 겪었고 이를 해결했습니다. 서로의 문제를 이해하고 먼저 해결해주면서 토의 참여를 이끌어내서 결국 토의와 활동을 모두 성공적으로 마쳤습니다. 방송기자는 취재를 할 때 팀별로 나가기에 이들의 의견을 조정하는 능력이 있어야 합니다. 그리고 이번 경험은 방송기자가 되어 취재과정 중에서 의견을 조율하는 과정에서 커다란 영향을 줄 것입니다.

◉ 경기외고 기출문제 모음

- 다리를 저는 장애학생과 허리가 구부정한 할머니가 있는데, 누구에게 자리를 비켜 줄 것인가?
- 대륙의 위치를 바꾼다면, 지구의 대륙을 재배치하세요.
- 본교 교육목표는 창의성교육, 도덕적 품성교육, 세계화교육, 영재교육이다. 만약 교과선택이 자유롭고, 본인에게 1주일에 5시간(수업시수)이 주어진다면 어떻게 배분하여 수업을 들을 것이며, 그 이유는 무엇인가?
- 기숙사에서 성격이 안 맞는 친구가 룸메이트로 배정된다면?

◉ 김해외고 기출문제 모음

- (카카오초콜릿, 종이컵, 형광펜 제시) 제시한 물건 중 한 개 또는 그 이상

의 물건을 사용하여 자신을 표현하시오.

• 더불어 살아가는 삶의 정의와 그에 가장 중요한 덕목은 무엇이라 생각
  하는가?

◎ 성남외고 기출문제 모음

• 공자의 인, 예, 도와 레오나르도다빈치의 건축, 예술, 수학에 관한 지문
  제시 후, 두 인물과 연관지어 성남외고가 추구하는 인재상을 설명하고,
  지원자가 그렇게 되기 위한 입학 후 자세와 노력(학습계획)에 대해 설명
  하시오.

07

국제고등학교 면접 기출문제

■ 국제고등학교(國際高等學校, 약칭: 국제고(國際高))는 대한민국의 특수
목적고등학교의 한 형태다. 국제화, 정보화 시대를 선도할 국제전문
인재 양성을 위해 설립되었다. 자기주도학습전형으로 학생을 선발하
며, 정원의 20%는 사회적 배려대상자를 선발해야 한다. 2021년 기준
으로 전국 8개 교가 있다.

*2022학년도 전국 국제고 모집 현황

학교명	지역	모집정원	일반전형	사회통합전형
서울국제고	서울	150	90	60
고양국제고	경기	200	160	40
동탄국제고	경기	200	160	40
청심국제고	경기	100	80	20
인천국제고	인천	138	110	28
세종국제고	세종	100	80	20
부산국제고	부산	160	128	32
대구국제고	대구	120	96	24
전국 8개 국제고		1,168	904	264

🎯 고양국제고 기출문제 (2017, 2018, 2019, 2020)

2017 학년도 ① 번 문 항 (공통)	다음 상황에서, 학교는 어떠한 결정을 내리는 것이 바람직한지 근거를 들어 말하시오. ○○중학교 2학년 모든 학생은 자신의 진로나 학업에 관한 주제를 정하고, 스스로 자료를 조사하여 탐구 보고서를 11월 30일까지 제출하기로 되어 있다. 하지만 자료 수집에 시간이 많이 걸리고, 보고서 작성도 쉽지 않아 학생들이 힘들어 하였다. 제출 기한이 다가오자 다수의 학생은 보고서 제출 기한을 1주일만 연장해 달라는 의견을 제시한 반면에 소수 학생은 연장에 반대하고 있다.
2018 학년도 ① 번 문 항 (공통)	다음 ○○○씨의 모습에서 알 수 있는 인성적 특성 세 가지와 그렇게 생각한 이유를 설명하고, 이러한 특성과 관련한 자신의 실천경험을 한 가지만 말하시오. ○○○씨는 버스 정류장에 부착된 버스 노선도에 방향 표시가 없는 것을 발견하고, 그로 인해 사람들이 반대 방향의 버스를 탈 수도 있겠다는 생각이 들었다. 그래서 버스 정류장을 돌며 버스 노선도에 빨간색 방향 표시 스티커를 붙였다.
2019 학년도 ① 번 문 항 (공통)	'착한 사람은 손해를 본다.'라는 주장에 대하여 자신의 견해를 밝히고, 그 근거 2개를 말하시오. (단, 근거 중 1개는 자신의 직·간접적인 경험과 연관지어 제시할 것)

〈2020학년도 면접문항〉

㉠에 들어갈 말을 두 가지 제시하고, 자신의 직·간접적 경험을 활용하여 그 이유를 각각 말하시오.

| _____㉠_____ (이)가 없다면 우리의 삶은 의미가 없을 것이다. |

〈2021학년도 면접문항〉

(코로나로 인해 당해연도에만 한시적으로 비대면 영상면접(녹화, 업로드 방식)을 진행하여 지원자 전원에게 공통문항 제시함)

항목	문항
자기주도 학습영역	1. 중학교 기간 동안 자신을 성장시켰던 학교 활동 한 가지를 말하시오.
인성영역	2. 기숙사 생활에서 가장 필요한 덕목은 무엇이라고 생각하는지 그 이유와 함께 말하시오.

⚲ 고양국제고 기출문제 모음

• 일본이 안중근을 범죄자 취급하는 이유와 외교관으로서 이에 대한 해법을 제시한다면?

• 지원자가 생각하는 세계에서 가장 시급한 문제는 무엇이며, 한국군의

해외파병과 관련지어 말해보세요.

- ○○활동과 자신의 장래희망은 어떤 관련이 있나? 역지사지의 태도를 기숙사에게 어떻게 실천할 수 있나요?
- 마케터 입장에서 본교를 홍보한다면 어떤 점을 어떻게 홍보할 것인가요?
- 여군으로서 포부와 남자 군인들과 차별화될 수 있는 점을 자세히 말해 보세요.
- 외국문화콘텐츠 중 우리문화 발전에 도움이 될 수 있는 것이 무엇인지 말하고, 지원자가 본교 입학을 준비하면서 알게 된 본교만의 문화콘텐츠가 있다면 말해보세요.
- ○○○에게 필요한 자질 세 가지를 말해보세요.
- 정의란 무엇인지 설명하고 삼성이 애플과의 특허소송에서 승소할 수 있었던 이유를 자신의 법률적 지식으로 설명해보세요.
- '너 자신을 알라'는 말을 외교관적 관점에서 해석해보세요.
- 중국에 사는 우리나라 사람들에게 꼭 알리고 싶은 중국의 문화와 중국에 알리고픈 우리문화는 무엇인지, 어떻게 알릴 것인지 말해보세요.
- 누군가 에이즈 치료법 특허를 악용해 가난한 나라에서 부당한 이익을 취득한다면 특허변호사로서 어떻게 대처할 것인가요?
- 학생들에게 부탄의 아이들처럼 행복할 수 있는 환경과 학교생황을 만들어주고 싶다고 했는데, 구체적으로 어떤 환경과 학교생활인지 말하고 그것을 실현시키려면 어떤 교사가 되어야 하는지 말해보세요.
- 공부할 때 자신만의 요약정리법을 말하고 친구에게 추천할 만한 공부법이 있다면?
- 장래희망이 되기 위해 필요한 자질 한 가지와 중학교 생활에서 그러한

자질을 향상시킨 사례가 있다면?

- ○○을 읽고 외국인 노동자인권에 대해 더 생각해보았다고 했는데, 그들의 인권을 지켜 줄 구체적인 방안에 대해 말해보세요.
- 친구가 자신만의 공부비법을 물었을 때 솔직히 답변해 줄 수 있나요?
- 장애인에게 필요한 봉사 세 가지를 말해보세요.
- 에버노트 사용설명서를 읽고 영어, 수학 이외 다른 어떤 과목에 공부노트 활용법을 적용했는지와 그 결과에 대해 말해보세요.
- 독후, 기아에 시달리는 사람들을 위해 지원자가 생각하는 해결법은?
- 독후, 여성인권이 가장 침해받는다고 생각하는 나라와 그 이유를 말하고, 여성 할례문제를 해결할 수 있는 국가적, 국제적 방안을 말해보세요.
- 『정의란 무엇인가』에서 말하는 공리주의 원칙에 따른 사회적 약자 소외 현상을 우리나라 정책 중 예를 들어 말하고 그 해결방법을 제시하세요.
- 『헬렌 컬러 자서전』을 읽고 세상을 바꿀 수 있다는 희망을 느꼈다고 했는데, 우리나라의 남북분단상황에 그 희망을 어떻게 적용할 수 있는지 말해보세요.
- 『외교관은 국가대표 멀리플레이어』를 읽고 유네스코 세계유산에 등재하고 싶은 우리나라 문화재는 무엇이며, 외교관에게 필요한 자질을 무엇이라 생각하는지 말해보세요.
- ○○○ 책에서 지원자와 닮은 인물과 그 이유를 설명하고, 교사에게 필요한 덕목에 대해 말해보세요.
- 『유진과 유진』에 나오는 유진이와 같은 성폭행 피해 아동의 치료방법에 대해 말해보세요.
- 경험해본 봉사 중 친구에게 꼭 권하고 싶은 것이 있다면 그 이유와 함께

말해보세요.

- 타인의 차이점을 인정하는 것이 다른 사람과의 소통과 자기 발전에 어떤 도움이 되는지 예를 들어 설명해보세요.
- 나눔의 개인적, 사회적 효용성에 대해 설명하고 퍼주기식 나눔의 폐단에 대해 말해보세요.
- 사람을 겉모습만 보고 판단했던 사례를 들어보세요.
- 단체프로젝트 활동에서 구성원들과 갈등이 생기면 어떻게 해결할 것이며, 그 갈등이 잘못된 역할분담 때문이라면 어떻게 할 것인지 말해보세요.
- 학생자치법정 배심원 참여 당시 맡았던 구체적인 사안과 제시했던 의견, 그 이유 등을 말해보세요.
- 학교에서 왕따를 당하는 학생이 주변사람에게 말을 하지 않아 그 사실을 아무도 모른다면 왕따학생을 어떻게 찾아 어떻게 대처할 것인지 말해보세요.
- ○○동아리활동 중 갈등해결 사례를 말하고, 공동체 생활에서 어떤 덕목이 가장 중요한지 말해보세요.
- 또래상담사 활동으로 손길이 필요한 아이들이 많은데, 해외 아동을 후원하는 이유는 무엇인가요?
- 소통의 중요성을 알았다고 했는데, 급속하게 변하는 사회 속에서 소통이 가장 필요한 곳은 어디라고 생각하나요?
- 입학 후 첫 중간고사에 대비해 어떻게 공부할 계획인가?
- 어떤 스터디그룹을 만들어 공부할 것이며, 본인은 어떤 역할을 하고 싶나요?

- 사교육 없이 혼자 공부할 때 겪은 시행착오와 그것을 어떻게 극복했는지 말해보세요.
- 장래희망이 본인과 적합하다고 생각하는 이유는?
- 장래희망이 가져야 할 덕목과 사회에 기여할 수 있는 방법을 말해보세요.
- 활동을 통해 진정한 배려를 알게 되었다고 했는데, 그러한 배려를 실천해 본 적이 있나요?
- 봉사활동 중 가장 기억에 남는 활동은 무엇이었나요?
- 학생생활규정을 개정했다고 했는데, 기억에 남는 개정내용과 그 후 변화된 학생의 모습을 구체적으로 말해보세요.
- 봉사활동을 통해 배운 점은?
- 토론동아리 활동을 계획 중인데, 현재 토론하고 싶은 세계적인 이슈가 있다면?
- 주로 어떤 이야기들을 썼는지 구체적 사례로 말해보세요.
- 지원자가 생각하는 더불어 사는 삶이란 무엇인가요?
- 입학 후 친구들과 함께 하는 공동프로젝트에서 갈등이 생긴다면 어떻게 할 것인가요?
- 친구를 많이 도와주었는데 친구가 고맙다는 표시를 하지 않는다면 어떻게 할 것인가요?
- 또래상담활동에 대해 설명하고 해결했던 사례 한 가지만 말해보세요.
- 시험 시간에 친구가 노트를 빌려달라고 하면 어떻게 할 것이며, 그 이유는?
- 친구로부터 도움을 받는 입장이라면 어떤 도움을 받고 싶나요?
- 글로벌리더의 자질은 무엇이라고 생각하나요?

- 외고가 아닌 국제고에 지원한 이유를 본교 교육과정과 연계하여 말해 보세요.
- 본교 마케팅을 위한 획기적인 방안이 있다면?
- 정치인이 되어 가장 먼저 해결해야 할 우리나라 복지제도의 문제는 무엇인지 말해보세요.
- 국제사회에서 우리의 독도소유권을 확실히 인식시킬 수 있는 방법이 있다면?
- 독서와 작문을 통해 얻은 것을 학습활동에는 어떻게 적용시킬 수 있는지 말해보세요.
- 대회에 나간 친구들이 입상하지 못해 절망에 빠졌을 때 어떤 심리치료를 할 수 있겠나요?
- 제3세계의 비인권적 사례를 들고 현실적인 해결 방안을 말해보세요.
- 1주일에 2권의 책을 읽는다는데, 이번 주 읽은 책은 무엇인가요?
- 『신부 이태석』을 읽었다고 하는데, 아프리카 아이들에게 치료가 가장 시급한 질병은 무엇이며, 적은 예산으로 그 질병을 치료할 수 있는 방법은?
- 진로 관련 독서에서 세계적 이슈에 대해 입장에 따른 다양한 시각이 있다는 걸 알았다고 했는데, 구체적으로 어떤 것을 말하는 것인가요?
- 자신에게 가장 많은 영향을 준 책과 그 이유를 말해보세요.
- 독서를 통해 함양할 수 있는 미래지향적 사고란 구체적으로 어떤 것인가요?
- 독서를 통해 학습에 심취할 수 있었던 동기가 무엇인지 예를 들어 설명하세요.

- 교육 관련 도서에서 가장 좋았던 부분과 책에 나오는 교육방식을 우리나라 교육에 어떻게 접목시키면 좋을지 말해보세요.
- 문화재 관련 독서활동에서 우리 문화재의 소중함을 깨달았다는데, 현재 해외에 유출되어 있는 우리 문화재를 한 가지 이상 말하고, 그것을 되찾기 위한 구체적인 방안에 대해 말해보세요.
- 고양국제고를 마케팅하기 위한 획기적인 방안이 있다면?
- 봉사활동을 보다 창의적으로 할 수 있는 방법은?
- 타인의 차이점을 인정하는 것이 다른 사람과의 소통과 자기발전에 어떤 도움이 되는지 예를 들어 설명하세요.
- 국내에도 도움의 손길이 필요한 아이들이 많은데 해외 아동을 후원하는 이유는 무엇인가요?

🎯 동탄국제고 기출문제 (2021학년도)

신입학 전형 공통문제(기출)

살아온 동안 자신이 주변으로부터 받은 모든 혜택의 양을 A(0~10), 자신이 주변에 베푼 혜택의 양을 B(0~10)라 하고, C=A-B라 할 때, 현재 자신의 C값은 얼마인지 그 근거와 함께 말해 보세요. 그리고 사회 전체를 고려하여 사회 구성원이 가져야 할 최적의 C값은 얼마인지 근거와 함께 말하고, 그것을 실현할 수 있는 방법을 이야기해 보세요.

30년 내에 인류가 살아갈 세상에서 지금과 가장 크게 변화하게 될 모습을 과학기술의 측면과 사회문화적 측면으로 나누어서 말하고, 이런 변화에 맞추어 자신이 길러야 할 가장 중요한 자질 두 가지를 설명해보세요.

인간의 지식과 기술은 계속 확장, 발전되고 있다. 이에 따라 인간의 삶도 점차 행복해졌다고 생각하는지 말하고, 앞으로 인간의 삶은 행복해질 것이라고 생각하는지 자신의 독서 경험을 예로 들어 설명해보세요.

신입학 전형 개별문제(기출)

스토리보드 아티스트라는 지원자의 꿈을 위해 중학교 과정에서 노력했던 것 중에서 가장 의미 있었던 독서경험과 체험활동을 하나씩 이야기해보고 그 활동 이후의 자신의 변화를 이야기해 보세요.

1학년 때 장애인 이해하고 돕기 봉사활동을 통해서 장애인을 위한 봉사활동을 해야겠다는 생각을 했는데, 이후 어떤 활동을 했나요?

4차 산업혁명 시대의 심리학자가 꿈이라고 했는데 진로 희망과 연관된 자신의 역량은 무엇인지 말해보고, 그 역량을 기르기 위해 지원자가 기울였던 노력을 구체적으로 말해보세요.

'오케스트라 동아리'에서 협연을 준비할 때 기량이 매우 우수한 연주자가 자신의 능력을 과시하려고 한다면, 리더로서 '조화'를 이루기 위해 어떻게 팀을 이끌어 나갈 것인지 말해보세요. 그 역량을 기르기 위해 지원자가 기울였던 노력을 구체적으로 말해보세요.

◎ 동탄국제고 기출문제 모음

- 프로그램언어는 세계공용어처럼 사용이 되는데, 영어를 배워야 하는 이유는?
- 입학 후 프로그래머가 되기 위해 어떤 노력을 할 것인지, 그에 필요한 인문학적 소양은 어떻게 키울 것인지 말해보세요.

- 중1 때 학교폭력예방 캠페인을 하며 기억에 남았던 표어를 말해보세요.
- 입학 후, 어떻게 박애정신과 협동심을 기를 예정인가요?
- 다른 국제기구도 많은데 왜 UNDP를 택했나요? 그리고 국내사회봉사자와 국제협력봉사자의 차이점을 말해보세요.
- 합창대회에서 생겨난 갈등을 어떻게 해결하였고, 만약 끝까지 반대되는 의견을 주장하는 친구가 있다면 어떻게 해결할 것인지 말해보세요.
- 마지막으로 하고 싶은 말은?
- 문제를 많이 푸는 수학 공부법에 대해 반박해보세요.
- 국제협상력보다 문화유산을 지킨다는 사명감이 중요한 이유는?
- 봉사를 하며 가르친 그 아이의 결과를 말해보세요.
- 외고와 국제고의 차이는 무엇이며, 중국어 관련 국제고를 지원한 이유를 말해보세요.
- 월드비전 활동을 하며 힘들었던 점을 말해보세요.
- 본교가 학생의 장래희망에 어떤 도움이 될 것이라 생각합니까?
- 본인의 꿈에 영향을 준 인물과 도서, 본교가 꿈과 어떤 관련이 있는지 말해보세요.
- 법의 사각지대에 있는 사람들을 돕겠다고 했는데, 이를 위해 법체계가 어떻게 바뀌어야 하며, 이를 '사회정의'와 관련하여 말해보세요.
- '인문고전읽기' 프로그램이 어떤 것이며, 공연기획에 왜 필요한지 말해보세요.
- 세계에 알려지지 않는 한국전통문화로 공연기획을 한다면 공연주제를 어떻게 기획할 것인지 말해보세요.
- 문화탐구동아리 CEO를 설명하고, 활동과정에서 의견 차이가 끝내 줍

혀지지 않는다면 어떻게 할지 말해보세요.

- 본교는 학습의 비중이 다른 일반고에 비해 크기 때문에 다양한 콘텐츠를 만드는 데 있어서 시간이 부족할 텐데 이러한 상황에서 본교가 학생을 뽑아야 하는 이유는?

- '세상을 이해하고 넓게 볼 수 있다'라고 하였는데, 어떻게 해 나갈 것인가요?

- 방송부 활동을 하는 데 있어서 가장 힘들었던 점은? 그리고 그것을 후배에게 어떻게 극적으로 설명할 것인가요?

- 영상 다루는 프로그램은 무엇까지 다뤄보았나요?

- 전화영어를 할 때 마인드맵을 그렸다고 했는데 구체적인 예를 들어 설명해보세요.

- 회계수사관이 되기 위해 노력할 때, 본교가 단점이 되는 부분과 극복방안을 말해보세요.

- 멘토 멘티 동아리를 하면서 가장 힘들었던 점을 말해보세요.

- 수업 전 교과서에 나오는 원작을 미리 읽었다는데, 그 책의 줄거리와 느낀 점을 말해보세요.

- 스포츠가 정치나 종교와 대립이 있을 때 어떻게 대처할 것인지 말해보세요.

- 영어스토리텔링을 잘하는 아이들과 못하는 아이들을 어떻게 가르쳤나요?

- 반크 활동 내역을 말하고, 인상 깊은 미국드라마와 대사 내용, 그 이유를 말해보세요.

- 본인의 만든 블로그 주소와 게시글 개수를 말하고, 어떤 활동을 하였는지 말해보세요.

- 기숙사 규칙을 정할 때 우선순위 3가지와 그 이유를 말해보세요.
- 만약 에이전트가 된다면 우리나라 선수 3명을 골라 누구를, 어떻게(어디로), 얼마에 이적시킬 것인지 말해보세요.
- 『뉴튼이 들려주는 로그함수와 지수함수』를 읽었다고 했는데, 지수함수와 로그함수가 실생활에 쓰이는 예 2가지를 말해보세요.
- 조별로 토론 수행평가를 했을 때, 개인에 비중을 두어 점수를 줄 것인가, 아니면 조별활동에 비중을 두어 점수를 줄 것인가 말해보세요.
- 부모님이 '국제구호원'이라는 꿈을 반대한다면 이떻게 설득할 것인지 말해보세요.
- 인도의 종교적 갈등이 있는 지역에 가서 구호활동을 한다면, 어떤 점에 중점을 둘 것인지 말해보세요.
- 당신이 따돌림을 당하는 친구와 친해서 당신도 따돌림을 당한다면, 친구들과 어떻게 의사소통을 할 것인지 말해보세요.
- 봉사활동에 관심이 많다고 했는데, 2, 3학년 때 봉사활동이 별로 없는 것은 왜 그런가요?
- 일정하게 봉사를 다니는 것에 대해 어떻게 생각하나요? 국제구호원은 봉사가 삶의 일부여야 하는 것 아닌가요?
- 자기주도학습방법으로 노래를 개사하여 사회나 역사를 공부했다고 했는데, 최근에 노래로 사회나 역사를 공부한 사례를 말해주세요.
- 공연제작자가 꿈이라고 했는데, 올려보고 싶은 공연의 주제는 무엇인가요?
- 번역 봉사와 멘토 활동을 했다고 했는데, 이러한 활동들을 하는 데 있어선 안 되는 자질은 무엇인가요?

- 토론 수업을 통해 자신의 꿈을 위한 설득력을 키울 것이라고 했는데, (공감의) 설득력이란 무엇이며 어떻게 토론 수업을 준비할 것인지 말해 보세요.

- '마라톤 전투' 외에 역사에서 왜곡된 일이 있다면 무엇이 있는지 말해보세요.

- 욕을 잘하고 거칠어 보이는 친구와 그림그리기를 통해 친해졌다고 했는데, 그림그리기라는 공통분모가 없었다면 친해지지 않았을까요? 만약 다른 방법이 있다면 무엇일까요?

- 국제변호사로서 담당하고 싶은 소송 3가지를 말해보세요.

- 국제변호사로서 학문적으로 성취해야 할 부분은 무엇인가요? 앞으로 구체적으로 어떤 분야에서 활동하고자 하는지 말해보세요.

- 변호사로서 공감, 말재주 이외에 필요한 자질은 무엇이 있는지 말해보세요.

- 일러스트레이터가 꿈이라고 했는데 자질은 무엇이고, 본교에서 어떻게 키울 것인지 말해보세요.

- 『모비딕』에서 인상적인 장면과, 주인공과 학생의 공통점과 차이점에 대해 말해보세요.

- 본인이 '시각디자이너'가 되고 싶다고 했는데, 우리 학교에 오면 아무래도 어려운 점이 많은 것 같은데 극복 방안과 어떻게 해 나갈 것인지 말해보세요.

- 『마당을 나온 암탉』의 잎싹과 '연어'의 은빛연어가 틀을 깨고 자신의 꿈을 찾아 나간 것에 감명받았다고 했는데, 그 '틀'이라는 것이 모든 사람들이 오랫동안 가장 바람직하다고 여겨온 사회상이라고 본다면 굳이

그 틀을 깰 필요가 있을까요?

- '실버유사체험'을 통해 배운 점과 독거노인 봉사를 할 때 가장 힘들었던 점은?

- 『완득이』를 읽었다고 했는데 어떤 장면을 어떻게 연출할 것인지 말해보세요.

- 드라마 PD가 꿈이라는데 동탄국제고에 와서 무엇을 할 것인지 말해보세요.

- 2학년 때 친구들에게 가르쳐 준 기간이 얼마나 되나요? 3학년 때는 어떻게 가르쳐 주었나요?

- 국제 회계사 자질에 관해 말해보세요.

- 봉사 동아리 SM에서 독거노인을 도우러 다니셨는데 노인문제에 대하여 어떻게 생각하십니까?

- 회계사 시험을 보려면 미국으로 가야 할 텐데 돈은 어떻게 해결하실 것입니까?

- 경영 관련 책을 많이 읽으셨는데, 경영학 관련 이론을 통해 면접관들이 더 풍족하고 여유롭게 살려면 어떻게 해야 합니까?

- 종교전쟁이 가장 위험한 전쟁이라고 했는데, 다른 전쟁을 예시로 하나 들고 비교해주세요.

- 방송반을 해오셨는데 만약 반장 활동과 겹친다면 어떻게 반의 문제를 해결할 것입니까?

- 노인요양원에서 장기간 봉사를 했다고 나와 있는데, 그것을 통해 생각이나 가치관이 어떻게 변했는지 말해보세요.

- 빈곤 영토분쟁 등 국제 상황에서 일어날 수 있는 문제에 대한 카피를 만

들고 싶어 했는데, 빈곤을 주제로 문구를 하나 만들어보세요.

• 『광고천재 이제석』이라는 책을 읽으며 광고 카피라이터의 꿈을 키워 왔다는데, 자신이 만든 광고 중 소개하고 싶은 것 있으면 말해보세요.

• 수학을 자신만의 4단계법을 통해 공부했다는데 그 방법을 소개해보세요. 앞에 말한 4단계법을 통해 수학 성적과 그 성적에 대한 성취도가 어떻게 변했는지 말해보세요.

• 외신기자와 내신기자의 차이가 무엇입니까? 그러면 외신기자와 특파원의 차이가 무엇입니까?

• 월드비전 후원을 하고 있다고 했는데, 만약 다음 번에 그 아이를 후원하게 될 학급이 후원을 거부한다면 어떻게 하겠습니까?

• 우리학교에서 학생을 뽑아야 할 이유가 무엇입니까?

• 초등학생 때부터 동탄국제고에 입학하기 위해 준비해왔다고 했는데, 우리 학교에 대해 처음 알게 된 것이 언제입니까?

• 동탄국제고에 입학한다면 가장 해보고 싶은 것은?

• 동탄국제고 교육과정 중 '개인 논문 과제'가 본인에게 도움이 될 것이라고 했는데, '개인 논문 과제'를 하게 된다면 어떤 내용을 주제로 하겠습니까?

• 『나는 선생님 좋아요』에서 나타난 사건을 말하고 선생님에게 필요한 자질에 대해 말해보세요.

• 『왜 세계의 절반은 굶주리는가?』에서 기득권자의 이익에 의해 왜 기아 문제가 발생하는지 말해보세요.

• 독거노인을 위해 우리가 할 수 있는 대안은 무엇인가요?

• 『외교관은 멀티플레이어』에서 '표현력은 실력이다, 실력은 표현이다'의

차이점은 무엇인가요?

- 복습과 예습 중에서 무엇이 더 중요하다고 보나요?

- 봉사활동에서 학생이 중요하게 생각하는 것은 무엇인가요?

- 외교관이 되기 위해 학생이 하여야 할 봉사활동은 무엇인가요?

- 『덕혜옹주』외에 읽은 역사책은 무엇인가요?

- 영어 내신이 갑자기 떨어졌는데, 그 이유와 앞으로의 각오가 있다면 말해보세요.

- 매일 신문을 읽는다고 했는데, 오늘 아침 뉴스는 무엇인가요?

- 갈등과정에서 겪은 어려움은 어떤 것인가요?

- 학습플래너를 작성한다고 되어 있는데, 영어 외에 다른 과목은 있는지? 학습플래너를 통해 발전된 학습경험은 어떤 것이 있나요?

- 토론동아리 활동이 있는데, 가장 최근에 한 토론의 주제와 당신의 입장 등에 대해 설명해보세요.

- 『국가대표 멀티플레이어』라는 책을 읽었는데, 자신은 어떤 면에서 멀티플레이어라고 생각하나요?

- 공부할 때 한계를 극복했던 경험, 꾸준히 실천했던 공부계획이 있나요?

- 『모리와 함께 한 화요일』에서 인상 깊은 장면은 무엇인가요?

- 한국어 교사를 꿈꾸고 있는데, 읽었던 책을 이용해서 가르친다면 어떤 책으로 할 것이며, 그 이유는 무엇인가요?

- 1학년에 비해 2, 3학년의 봉사가 급격히 없는 이유는? 멀티활동에서 얻은 것은 무엇인가요?

- 입학 후 영어 이외에 국어나 사회 과목은 어떻게 공부할 계획인가요?

- 영어 원서를 많이 읽었는데, 그 중 자신의 진로와 관한 책이 있는가?

- 영어 강연을 많이 청취했는데, 그 중 가장 인상 깊었던 강연에 대해 말해보세요.
- ○○스쿨 진학계획을 적었는데, 본교에서 어떻게 준비할 것인가요?
- 최근 알게 된 타국의 문화 시사문제를 말하고, 그 문제를 위해 학생이 무엇을 할 수 있나요?
- 중국어를 배우는 이유와 중국인에 대해 아는 대로 말해보세요.
- 토론식 수업의 장점과 단점에 대해 말해보세요.
- 본교 교육과정과 연계하여 ○○학부 진학 희망 로드맵을 말해보세요.
- 장래희망의 자질과 본교의 '인용예지'를 연관 지어 말해보세요.
- 장래희망을 이루기 위해 본교 교육과정을 어떻게 활용할 계획인지 말해보세요.
- 장래희망이 되고 싶은 이유를 자신의 적성과 연관 지어 말해보세요.
- 외교관으로서 통일을 위해 하고 싶은 일이 있다면 무엇인가요?
- 외교관을 꿈꾸게 된 계기와 그 꿈을 위해 향후 국어공부를 어떻게 할 것인지 말해보세요.
- '명예살인'의 근본적인 원인과 외교관이 꿈인 청소년으로서 이에 대한 해결방법을 제시하세요.
- 외교관이 갖추어야 할 국제적 감각에는 무엇이 있고, 그것을 통해 어떤 외교활동을 펼칠 것인가요?
- 자신의 소설이 인기가 없어 생계가 어려워진다면 어떻게 할 것인가요?
- 유니세프에서 일하고 있을 때 북한 아이들을 도우라는 임무가 주어졌다. 이때 북한 아이들을 도울 방법을 본교의 인재상과 연관 지어 말해보세요.

- 한국문학이 해외에서 인정받기가 쉽지 않다고 했는데, 한국어의 인지도 부족 때문인지 아니면 다른 이유가 있는 것인지 말해보세요.
- 나치와 유대인 문제를 우리나라 과거사와 연관 지어 자신의 생각을 말해보세요.
- 향후 해보고 싶은 봉사활동과 진실한 봉사활동이란 무엇이라 생각하는지 말해보세요.
- 성공한 사람이 사회에 환원해야 하는 이유는 무엇인가요?
- 또래상담자로서 오랜 기간 외국거주로 학교생활에 어려움을 겪는 학생과 기숙사 생활에 적응하지 못하는 친구를 어떻게 도와줄 것인가요?
- 더불어 살아가는 세상이란 무엇이라 생각하나요?
- ○○활동 당시 과제 제출기한을 두고 구성원 간 갈등이 생겼다고 했는데, 굳이 제출기한을 정했던 이유는 무엇인가요?
- 자신의 진로 계획이 부모님 의견과 충돌한다면 어떻게 설득할 것인가요?
- 같은 동아리 친구가 후배들을 존중해주지 않을 때 그 친구를 어떻게 설득할 것인지 말해보세요.
- 봉사활동을 통해 나눔의 가치를 배웠다고 했는데, 본교에서는 어떤 나눔을 실천할 계획인가요?
- 왕따 피해자와 가해자 간의 중간에서 리더인 자신의 해결책을 말해보세요.
- 지적장애우가 지원자에게만 마음을 열었다고 했는데, 그 이유는 무엇이라 생각하나요?
- 친구들끼리 분쟁이 생긴다면 어떻게 중재할 것인지 말해보세요.

- 성적문제로 힘들어하거나 자살하려는 친구에게 어떤 위로나 해결법이 필요한지 말해보세요.
- 자신의 행동이 많은 학생들에게 공감을 얻어냈던 사례가 있다면 말해 보세요.
- '남학생들과 친해지기 위해 한 일'의 구체적 사례를 2가지 이상 말해보세요.
- 본교 방송부에서 아나운서의 자질을 키우겠다고 했는데, 본교 뉴스를 진행해보세요.
- 다수와 소수의 의견이 대립될 때 본인이 리더라면 어떻게 해결할 것인지 말해보세요.
- 미드 중 기억에 남는 대사와 그 이유를 말하세요.
- 자신이 만든 블로그를 운영하고 있는데, 현재 게시글 수와 운영방식에 대해 말해보세요.
- 기숙사 규칙을 정할 때 가장 우선순위에 두어야 할 3가지와 그 이유를 말해보세요.
- 열정을 가지고 일하는 사람의 장점과 부모님께서 본인이 원치 않은 일을 강요할 때의 대처법에 대해 말해보세요.
- 소설『레미제라블』속에서 따뜻한 가슴과 냉철한 이성을 지닌 등장인물은 누구라고 생각하는가?
- ○○책에 나오는 수학자 중 가장 위대한 수학자 2명과 그 이유를 말해 보세요.
- 『왜 세계의 절반은 굶주리는가』에서 저자가 말한 기아의 원인과 해결방법을 말해보세요.

- 『바보 빅터』에서 가치는 스스로 깨달았을 때 비로소 발휘될 수 있다고 했는데, 이것이 성적, 학벌, 가문에 상관없이 모두에게 적용될 수 있다고 생각하나요?

- 주인공과 지원자의 환경과 상황이 전혀 다른데 어떤 면에서 감동을 받았나요?

- 데미안은 새는 알을 깨고 나와야 한다고 했는데 자신이 깨야 할 껍질은 무엇이라 생각하나요?

- 수레바퀴 아래 깔리는 것이 아니라 수레바퀴 위에서 스스로 굴리고 싶다고 했는데, 사회 초년생으로 회사에 입사해 선배들의 명령을 따라야만 하는 입장이라면 어떻게 할건가요?

- 『지겹지 않니, 청춘 노릇』의 주제를 최근 시사단어로 표현하고, 현대 경제사회에서 그런 일이 발생하는 이유에 대해 말해보세요.

- ○○책의 후속작을 쓴다면 원작의 무엇을 보완하겠나?

- ○○을 읽고 자신의 행동에서 달라진 점이 있다면 예를 들어 말해보세요.

- ○○에 나타난 사회적 문제와 그 문제해결을 위해 어떻게 해야 하는지 말해보세요.

- 외교관으로서 우당 이회영을 세계적으로 알리기 위해 구체적으로 어떻게 할 것인가요?

- 교내봉사활동만으로 진정한 봉사활동을 했다고 말할 수 있나요?

- 절대선과 절대악 중 존재 가능성이 더 높은 것은 무엇이라 생각하나요?

- 면접관이 ○○○책을 읽을 수 있도록 학생이 설득해보세요.

- PD가 돼서 방송의 질보다 시청률만 높이기 위한 프로그램을 만들라는 지시가 내려오면 어떻게 할 것인가요?

- ○○활동에서 자신의 행동(결정)이 많은 학생들에게 공감을 얻어냈던 사례가 있다면 말해보세요.
- 기숙사 규칙을 정할 때 가장 우선순위에 두어야 할 세 가지와 그 이유를 말해보세요.

[공통 질문]

학급에서 만장일치로 지각비를 걷기로 하였다. 그런데 소년소녀가장인 길동이가 초등학생 동생을 등교시키고 오느라 지각이 잦아졌다. 그에 따라 지각비가 많이 쌓였지만 총무부장에게 생활비에 부담이 간다고 얘기하고, 지각비를 면제 받았다. 이를 정순이가 알고 반장에게 말했다. 지원자가 반장이라면 누구를 먼저 설득할 것인가?

[개별 질문]

- 동시통역사가 꿈이라고 했는데 통역기가 본인의 직업을 대체한다면 어떻게 할 것인가?
- 개인논문과제 연구 주제를 무엇으로 할 것이고, 어떻게 준비하여 작성할 것인가?
- '불평 없이 살아보기' 캠페인을 실천한 이후(자소서 인성 영역의 내용임) 본인 모습의 변화와 친구관계의 변화에 대해 얘기해보세요.
- 외교관이 되기 위한 과정과 외교관이 되기 위해 동탄국제고의 3가지 프로그램을 연계해서 말하시오.
- 중학교에서 한 학생회 활동 중 가장 기억에 남는 활동과 고등학교 학생회에서 하고 싶은 활동은?

- 학생자치법정 활동을 하면서 책임감과 법의식을 느꼈다고 했는데 그 사례를 말하시오.
- 기아의 원인이 불합리한 세계경제질서라고 했는데, 그 구체적인 예시와 해결방안을 말하시오.
- 외교관이 되기 위해서 국제고와 외고의 차이점을 말하시오.

◎ 부산국제고 기출문제 모음

- 본인과 봉사대상자인 멘티의 멘토링 이후 변화된 점을 말해보세요.
- 교환학생이 되어 하고 싶은 일 3가지를 말해보세요.
- 국제적 인재가 수학, 과학을 공부해야 하는 이유는 무엇이라 생각하는지 말하시오.
- 글로벌 리더의 자질 3가지를 말하고, 자신에게 취약한 것을 골라 개선방안을 말하시오.
- 중학교에서 공부하기 가장 힘들었던 과목과 고교입학 후 개선방안 3가지를 말하시오.
- 진로와 관련하여 읽은 책 3권을 말하고, 그 중 한 권의 내용을 요약하여 설명하시오.
- 본교 입학 후 하고 싶은 체험활동 2가지를 말하시오.
- 본교 입학을 위해 노력한 3가지를 말하고, 한 가지를 자세히 설명해 보시오.
- 본교만의 특색있는 교육프로그램 3가지를 말하고, 자신에게 중요하게

생각되는 것 1가지를 자세히 설명해 보시오.

- 자신의 진로목표 달성을 위해 필요한 자질이나 기술 3가지를 말해보시오.
- 가장 취약 과목과 그것에 대한 향후 극복 방안을 말해보시오.
- 봉사활동이 자신의 삶에 중요한 이유 3가지를 말해보시오.
- 본교 입학 후 해보고 싶은 체험활동 3가지를 말해보시오.
- 교내독서 관련 행사 참여 경험 3가지와 느낀 점을 말해보시오.
- 친구에게 추천하고 싶은 책 3가지를 말하고, 그 중 한 권은 추천이유까지 자세히 설명하시오.

⊙ 서울국제고 기출문제 모음

- ○○○○책 저자의 한계는 무엇인지 그 근거를 제시하며 비판해보세요.
- 특허변호사의 하는 일 세 가지와 특허관리를 못해서 손해본 구체적 사례를 말하세요.
- 『당신의 꿈은 무엇입니까』를 읽었다면, 학생의 꿈 5가지를 말하고, 그 중 이루기 어렵다고 생각하는 꿈과 이유를 말하시오. 만약 당신이 그 책의 저자라면 어떤 조언을 해주었을까요?
- 일반고에서 배우기 힘든 과목을 본교에서 배울 수 있다고 했는데, 그 과목 3가지를 말하고, 신문스크랩을 통해 ○○에 대한 흥미를 길렀다고 했는데 인상 깊었던 기사 2가지를 말해보세요.
- 장래희망의 자질 3가지를 설명하고, 이를 위해 본교에서 어떻게 공부

해 해당 자질을 키워나갈 것인지 말해보세요.

- 장래희망을 구체적으로 말해보세요. 그리고 본교 교과목 중 자신의 진로에 도움이 될 과목을 말해보세요.

- WHO 사무총장에게 필요한 자질은 무엇인지 말하고, '청소년 대한민국 홍보대사' 활동을 하면서 수행한 미션에 대해 설명해보세요.

- 본교 교육과정이 지원자의 꿈을 이루는 데 어떤 영향을 미칠 것이라 생각하나요?

- 사회부조리 현상으로 인한 기아문제의 구체적인 사례를 제시하고, 본인의 장래희망 관련하여 이를 해결할 수 있는 방법을 구체적으로 설명하세요.

- 다양한 사회현상에 관심이 많다는데, 관심있는 사회현상 2가지와 그 이유를 말해보세요.

- 문학이 의식개선에 영향을 준다고 했는데 그 예를 들고, 장래희망이 그 가치를 지켜나가기 위해 해야 할 일에 대해 말해보세요.

- 우리나라 음식문화를 효과적으로 알릴 수 있는 방법과 본교 입학 후 성적이 떨어질 때 어떻게 대처할 것인지 말해보세요.

- 『주홍글씨』를 읽으려면 청교도 사회에 대해 알아야 한다고 했는데, 자신이 아는 청교도 사회에 대해 말하고, 청교도 사회가 현재의 미국에 끼친 영향을 설명해보세요.

- 반장으로서 갈등관리 경험을 적었는데, 갈등의 주원인과 그것을 어떻게 해결했는지 말해보세요.

- 『당신의 꿈은 무엇입니까』를 읽고, 지원자의 꿈들을 말해보세요. 그 중 이루기 어렵다고 생각하는 꿈과 그 이유를 말하세요. 만약 당신이 해당

책의 저자라면 어떤 조언을 해주었을지도 말하세요.

• 『도리언 그레이의 초상』을 읽었는데, 책에서 도리언이 헨리의 말을 듣지 않았다면 어떻게 성장했겠나요? 이와 관련하여 우리가 타락하지 않기 위해 경계해야 할 것들에 대해 말해보세요.

• 『내 영혼이 따뜻했던 날들』에서 영혼이 따뜻하다는 말의 의미는 무엇인가요? 마음으로 느끼고 공감할 수 있는 문화를 알리고 싶다 했는데, 그 의미와 문화의 사례를 말해보세요.

• 『작은 씨앗을 심는 사람들』에서 빈곤층이 발생하게 된 원인을 사회현상과 관련지어 설명하세요. 또한 정부가 이 문제를 해결하기 위해서는 어떠한 노력이 필요하다고 생각하나요?

• 『헌법의 풍경』에서 법조인들의 잘못된 습관을 지원자가 어떻게 바꿀 수 있다고 생각하나요?

• 지리가 사회문화 형성에 많은 영향을 끼쳤다고 적었는데, 서울을 기준으로 그 예를 설명하고 대도시의 양극화 현상에 대해 말해보세요.

• 『내 생애 단 한번』에서 주인공(교수)의 학생에 대한 평가가 주관적인 것에 대해 어떻게 생각하는지 말하고, 바람직한 교사의 자질 3가지를 말해보세요.

• '세계를 보는 창W'에서 기억에 나는 사례 1가지를 말하고, 그 문제의 해결 방안을 제시하세요.

• 『왜 세계의 절반은 굶주리는가』를 읽고 느낀 기아의 근본적인 원인과 그 해결책에 대해 말해보세요.

• 『10대를 위한 가슴이 시키는 일』에서 기억에 남는 사람 3명과 그 이유를 말하세요.

- ○○봉사활동을 구체적으로 말하고 가장 인상 깊었던 일화와 친구에게 그 봉사를 추천하는 이유 3가지를 말하세요.
- 자신이 봉사활동 한 곳의 개선되어야 할 점과 그 해결방안에 대해 말해 보세요.
- 아동성폭력범 처벌강화 서명 운동을 진행한다고 했는데, 실제 발생한 아동성폭력의 예를 들고 그에 관한 합당한 처벌과 이유를 설명하세요.
- '교내자기주도학습실 멘토'로 활동했다고 했는데, 자기주도학습실과 그 활동에 대해 자세히 설명하고 자신이 생각하는 자기주도학습의 의미를 말해보세요.
- 축구부 주장으로 약팀을 강팀으로 만든 전략에 대해 구체적으로 말하고, 축구대회 시 어려웠던 점과 극복사례를 말하세요. 그리고 전국대회 우승까지 했다는데 운동과 공부의 병행이 힘들지 않았나요?
- 학급임원을 하면서 중요하다고 느꼈던 협의의 장점과 단점을 말하고, 그 이유에 대해 설명하세요.
- 오케스트라 지휘자로서 조화를 이끌어낸 과정과 그 역할에 대해 자세히 설명하세요.
- 봉사활동에서 알게 된 사회적 약자에 대해 구체적인 예로 설명하고, 고등학생으로서 해결할 수 있는 방법 3가지를 말해보세요.
- 봉사활동이 많은데 어떻게 많이 할 수 있었으며, 진정한 의미의 봉사에 대해 말해보세요.
- 나눔은 누구나 할 수 있는 작은 실천이라 했는데, 추가적인 나눔실천 사례를 말하고, 앞으로의 실천 계획도 말해보세요.
- 학교폭력을 보고 신고하는 학생에 대한 본인의 생각과 학교폭력예방을

위한 2가지 방법을 말해보세요.

- 우리나라에 국제금융기구를 유치할 수 있는 방법 3가지를 말해보세요.
- 기자가 되기로 결심한 계기와 최근의 사회적 이슈 중 공정하고 깊이 있게 보도하고 싶은 사안과 그 보도 절차에 대해 말해보세요.
- 특허변호사가 하는 일 3가지와 특허관리를 못해 손해본 구체적인 사례를 말해보세요.
- 가장 존경하는 홍보전문가를 자신의 블로그에 소개한다면 어떤 방식으로 하겠나요?
- 심리학이 홍보에 있어서 왜 중요한지 말하고, 그 외에 홍보에 필요한 요소를 말해보세요.

◎ 인천국제고 기출문제 모음

- 과고가 아닌 국제고를 선택한 이유는 무엇인가요?
- 장래희망과 수학공부 필요성을 연관 지어 3가지 말해보세요.
- 장래희망을 꿈꾸게 해 준 책이 있다면 말해보세요.
- 장래희망을 위해 심화해서 노력한 것이 있다면 말해보세요.
- 수학학습에서 심화와 선행을 어떻게 번갈아가며 했나요?
- 수학공부에서 가장 힘들었던 부분과 재미있었던 부분은 뭔가요?
- 자신만의 수학공부 노하우가 있다면 말해보세요.
- 입학 후 기존의 자신만의 학습법으로 공부해 꼴찌를 했다면 어떻게 할 것인가 말해보세요.

- 작성했던 영어논문의 내용을 30초 동안 영어로 말해보세요.

- 수능공부와 내신공부 중 무엇이 더 중요하다고 생각하나요?

- 우리나라를 세계화할 수 있는 방법 3가지만 말해보세요.

- 본교 입학 후 3년간의 학습계획을 학년별로 나누어 설명해보세요.

- 학생은 성실하고 노력하는 학생인가요? 아니면 창의적이고 머리가 좋은 학생인가요? 본교는 어느 쪽 학생을 더 선호할 거라 생각하나요?

- 목표를 이루기 위해 자기주도적으로 노력했던 경험과 그 성과를 말해보세요.

- 본교 입학 후 상위권 성적유지가 가능할지 자아성찰을 해보세요.

- 자기 인생에서 가장 결정적인 순간을 말해보세요.

- 평소 담임 선생님이 자신을 어떻게 생각한다고 여겨지나 말해보세요.

- 자신에게 가장 영향을 많이 준 비교과활동이 있다면 말해보세요.

- 대중과 소통하는 과학자가 되겠다고 했는데, 내가 연구하는 분야가 대중의 관심과 상반될 때는 어떻게 할 것인가 말해보세요.

- 『곰브리치 세계사』를 읽고 민중이 역사의 주체가 되어야 한다고 했는데, 한국에서 최근에 일어난 일 중 『곰브리치 세계사』에 넣고 싶은 3가지 사건을 고른다면 무엇인가요?

- 『청년 반크, 세계를 품다』를 읽었는데, 일본해를 주장하는 사람들에게 무엇을 말하겠나요?

- 『지도 밖으로 행군하라』는 읽었는데, 책 제목의 의미와 지원자의 인생에서 지도란 무엇인가요?

- 문화상대주의 관점에서 우리가 우리문화를 볼 때 발생할 수 있는 문제점은 무엇인가요?

- 학원을 다니지 않았다는데 수학은 어떻게 공부했나요? 수학 실력은 어느 정도인가요?
- 입학 후 영어성적이 떨어진다면 리딩, 리스닝 등 각 분야를 어떻게 보완할 것인가요?
- 지금부터 입학 전까지 어떻게 공부할 것인가요?
- 기숙사 룸메이트와 갈등이 생긴다면 어떻게 해결할 것인가요?
- 입학 후 본교 교칙이 마음에 들지 않는다면 어떻게 할 것인가요?
- 우리나라 자동차가 외제차보다 더 좋은 점은 무엇일까요?
- 본교가 학생들을 자기주도전형으로 뽑는 이유 3가지를 말해보세요.
- 본교 입학을 준비하기 위해서 영어, 수학 과목의 자기주도학습을 어떻게 했나요?
- 봉사가 왜 필요하다고 생각하나요?
- 수학공부에 선행과 심화 중 무엇이 더 효과적이라 생각하나요?
- 독서에 있어서 정독과 다독이 갖는 각각의 효과(장단점)는 무엇이라 생각하나요?
- 봉사는 왜 필요한 것인지 그 필요성에 대해 말해보세요.
- 20초 동안 자기소개를 해보세요.
- 지원자와 본교의 공통점 5가지를 말해보세요.
- 할 수 있는 일, 하고 싶은 일, 해야 할 일을 어떻게 조화시키며 살 것인지 말해보세요.
- 사계절의 각 계절에 맞는 문학작품(소실, 시 등)을 말해보세요.
- 인간관계에서 가장 중요한 요소(가치)는 무엇이라 생각하나요?
- 삶에서 반성과 성찰이 필요한(중요한) 이유는 무엇이라 생각하나요?

🎯 청심국제고 기출문제 모음

- 입학 후 학습계획을 말해보세요.
- 진로를 바꾼 이유와 새로운 진로목표를 위해 본교에서 해야 할 노력에 대해 말해보세요.
- 자기주도학습 과정에서 시행착오와 극복 과정에 대해 말해보세요.
- 수업노트 정리를 구체적으로 설명해보세요.
- 룸메이트가 지속적으로 청소를 하지 않는다면 어떻게 할 것인지 말해보세요.
- 최근 일주일 동안 일정표 내용과 실천 여부에 대해 말해보세요.
- 가장 취약했던 과목의 성적을 올렸던 경험을 말해보세요.
- 본교 교육 과정이 본인의 진로에 어떤 도움이 될 것이라 판단했나요?
- 본교를 알게 된 계기와 본교 교육이념에 대해 말해보세요.
- 본교가 추구하는 인재상이 지원자에게 어떻게 적합한지 설명해보세요.
- 봉사활동을 하면서 느낀 점과 그로 인한 가치관과 행동의 변화가 있었다면 말해보세요.
- 기부에 대한 사람들의 인식변화를 위해 학생이 할 수 있는 봉사활동은 뭐가 있나요?
- 진정한 배려를 실천해본 적이 있나요?
- ○○○○책이 장래희망 결정에 어떤 영향을 줬나요?
- 우리나라의 다문화가정 자녀 편견에 대해 어떻게 생각하나요?

08

자율형 사립 고등학교 면접 기출문제

■ 자율형 사립 고등학교는 이명박 정부의 '고교다양화 300 프로젝트'라 불리는 국정과제와 「초·중등교육법 시행령」 개정 등 관계법령 제·개정에 의거하여 사립학교의 건학이념에 따라 교육과정, 학사운영 등을 자율적으로 운영하고, 학교별로 다양하고 개성있는 교육과정을 실시하는 고등학교다. 2021년 기준으로 전국단위모집 학교 10개, 지역단위 모집 33개로 총 43개 교가 있다.

*2020학년도 전국단위 자사고 10개 경쟁률(정원 내 전형 기준)

순위	학교명	2020 경쟁률	2019 경쟁률	2018 경쟁률	2017 경쟁률	2016 경쟁률
1	하나고	2.39	2.35	3.38	3.67	4.91
2	외대부고	2.24	1.79	2.57	3.19	3.6
3	현대청운고	1.85	1.6	2.06	2.5	3.64
4	민사고	1.76	1.69	2.58	2.79	2.72
5	인천하늘고	1.68	1.72	2.08	2.71	2.82
6	상산고	1.59	1.32	2.08	2.77	3.41
7	김천고	1.22	1.15	1.15	1.66	2.42
8	북일고	1.17	0.99	1.94	1.99	1.93
9	광양제철고	1.13	1.04	1.17	1.28	1.47
10	포항제철고	1.1	1.2	1.72	1.72	1.45
	계	1.58	1.48	2.01	2.34	2.67

🗨️ 상산고 면접 내용 (2021학년도)

[질문 1] 2021학년도 면접은 창의융합 면접과 인성&독서 면접의 두 가지 형태로 진행합니다. 둘 다 개별 면접의 형태로 진행하며 지원자에게 동일하게 주어지는 공통문항과 각자의 서류를 기반으로 사실 여부를 확인하는 개별문항을 출제합니다. 1명의 학생을 대상으로 복수의 면접관이 10분 정도 면접을 진행합니다.

학업 측면에서는 단순히 교과지식을 묻기보다는 학습 내용을 토대로 창의적이고 확장적인 사고를 자신만의 언어로 표현할 수 있는지를 묻습니다. 창의융합면접의 공통문항은 수학, 과학과의 연계성이 높으며 교과지식을 단순히 묻고 답을 구하기보다는 문제를 해결하는 과정을 살펴보고자 합니다.

인성&독서면접의 공통문항은 국어를 비롯한 인문학과 연계성이 높지만 이 또한 단순히 교과지식을 묻고 답을 구하기보다는 문제를 해결하는 과정을 살펴보고자 합니다. 개별문항 독서의 경우는 독서의 양과 질은 충분한지, 독서기록이 과장된 것은 아닌지 등을 확인하고 그 독서활동이 얼마나 내면화되어 생활에 영향을 미쳤는지를 묻습니다. 또한 인성을 드러낼 수 있는 사항에 관해 묻습니다.

문제를 대하는 학생들의 자세 또한 중요한 평가 내용이기에 최선을 다해서 면접에 임할 수 있도록 해주시기 바랍니다.

[질문 2] 2021학년도 면접 진행과정은 다음과 같습니다. 면접시간은 10분 정도이지만, 창의융합면접, 인성&독서면접 각각의 면접에 대해 공통문항을 준비하는 시간이 10~20분 내외로 면접 직전에 면접준비실에서 각각 주어집니다. 학생들은 별도의 준비실에서 제시된 자료를 읽고 자신의 생각을 정리하며 답변을 준비합니다. 이후 면접실로 이동하여 면접을 치르는데, 공통문항에 대한 답변 이후 개별문항을 접하게 됩니다. 개별문항은 학생들의 제출서류에 나타난 관심 영역이나 수준에 따라 다양한 방식으로 질문을 진행합니다. 개별문항은 각각의 제출서류를 토대로 개별화한 내용으로 이루어지기 때문에 다른 사람이 문항을 접하게 될 때는 답을 할 수 없는 내용일 것입니다.

[질문 3] 심층면접 대상자란? 50% 이상 교과성적이 없는 경우
심층면접 대상자의 경우 1단계 점수를 환산할 수 없기 때문에 모두 2단계 면접전형에 곧바로 임하게 됩니다. 심층면접은 2단계 전형(면접) 직후에 실시합니다(2단계 전형(면접)과 같은 날). 심층면접 이후 그 결과를 신입학전형위원회에서 심의하고, 1단계에 해당하는 점수를 부여합니다. 이후 이 점수와 2단계 점수를 합산하여 총점 400점을 환산하여 최종 합격자를 결정합니다.

심층면접의 범위는 중학교 교육과정 내 '국어', '영어', '수학' 교과의 학업 내용을 중심으로 합니다. 지원자는 해당 학업 내용에 대한 질문들을 교과별 준비실에서 먼저 접한 이후 교과별 면접실로 이동해서 질문에 대한 답변을 확인받습니다.

또한 중학교 교육과정 내용을 토대로 한 추가 질문에 답변을 합니다.

🎯 상산고 기출문제 (2020학년도)

제시된 3개의 글에서 새로운 문화를 만들어내는 방식은 무엇인지 말하시오.

Q 다음 제시문을 읽고 물음에 답하시오

(가) 공자는 옛 것을 익히고 새 것을 알면 스승이 될 만하다   - 논어 -

(나) 스티브 잡스는 늘 자신이 기술과 인문학의 중간에 있었으며, "애플의 DNA에는 기술뿐만 아니라 인문학이 녹아 있다"고 강조했다. 비록 그는 대학을 중퇴하기는 했지만 철학을 전공한 철학도답게 "소크라테스와 한나절을 보낼 수 있다면 애플이 가진 모든 기술을 내놓겠다"고 공언할 정도로 인문학에 자신과 애플의 모든 것을 걸겠다는 의지를 보였다.   -2030 기회의 대이동-

(다) 고문파는 옛 글을 전범으로 삼는 것을 문장의 기본으로 보고 있다. 반면에 그와 정반대 편에서 격식에 벗어난 글을 거리낌없이 쓰는 새로운 글쓰기 풍조가 일고 있었다. 박지원이 보기에 고문파의 문장은 옛 것 즉 중국 한당의 문장을 모방하고 흉내내는 고루한 글쓰기에 불과했다. 또한 새로운 글쓰기 풍조는 재주만 부리고 있는 것에 불과했다. 그래서 그는 "창신을 한답시고 재주를 부릴진대 차라리 법고를 하다가 고루해지는 편이 오히려 낫다"고 했다. 박지원은 양쪽을 모두 비판하며 '법고창신'의 문장론을 내세웠다. 옛 것을 모방으로 삼되 새것을 만드는 변통을 부릴 줄 알아야 하고, 새것을 만들되 옛 것의 법도가 있어야 한다고 주장한 것이다. 즉, '법고'와 '창신'의 조화를 지향하는 문장론은 '법고'에서 이탈하여 '창신'을 지향하는 문장론으로 받아들여졌다. 박지원의 저서인 <열하일기>는 정조 임금으로부터 정통 고문의 문체에서 벗어났으니 속죄하는 글을 지어 바치라는 어명을 받기도 했다.

🎯 상산고 기출문제 (2017학년도)

〈집단〉

(여): 제시문을 읽고(애덤스미스-국부론), 분업은 이기심 때문에 일어난 것이라는 저자의 견해에 대한 지원자의 생각은 무엇인가?

(남): 다빈치 코드 등의 역사서적과, 요즘 유행하는 구르미 그린 달빛 등의 역사적 영화, 드라마 등의 대중매체에는 역사적 허구물이 존재한다. 이에 대한 역사적 고증이 필요한가? 필요하지 않은가?

〈수학, 과학〉

(여)

- 화씨온도와 섭씨온도가 같을 때 몇 도인가?
- 온도가 전이될 때 질량이 없는 입자인 칼로릭이 전달되었다는 가설이 틀린 근거를 제시할 만한 실험을 설계하라.
- '나는 열이 많다'가 과학적인 문장인가?

(남)

- 자동차 번호판 중 앞 두 숫자와 뒤 두 숫자가 같았다. 또 이 네 자리 수는 어떤 수의 제곱일 때 이 수는?
- 지구 대기에 가장 많이 포함된 기체는?
- 금성의 대기는 두꺼운 CO_2로 이루어져 있고, 지구의 대기는 CO_2 함유량이 적다. 그 이유는?

〈독서, 인성〉

(여)

① 제가 읽은 인상 깊은 책은 _____ 입니다.

② 그 이유 두 가지 내용에 근거하여 제시

③ 그러나 저의 생각은 _____로 작가(혹은 등장인물)과 다릅니다.

④ 그 이유를 다른 책 두 권을 이용하여 근거 제시

   (조건: 행복과 발전이라는 단어 이용, 대조의 설명방법을 이용)

⑤ 따라서 저의 결론은 _____ 입니다.

(남)

① 제가 읽은 인상 깊은 책은 _____ 입니다.

② 그 이유 두 가지 내용에 근거하여 제시

③ 저의 생각은 _____로 작가(혹은 등장인물)와 동일하며 공감합
   니다.

④ 그 이유를 다른 책 두 권을 이용하여 근거 제시

   (조건: 사랑과 이상이라는 단어 이용, 대조의 설명방법을 이용)

⑤ 따라서 저의 결론은 _____ 입니다.

◎ 상산고 기출문제 (2016학년도)

〈집단〉

(남) 담배에 죄악세를 부과하는 것처럼 패스트푸드나 탄산음료에 죄악세

를 부과하는 것에 대해 찬성인지 또는 반대인지 자신의 의견을 밝혀라.

(여) 사회 순환론과 진화론 두 시각 중 자신에게 부합하는 관점을 택하고, 그 이유를 말해라.

〈수학〉

(남)

- 정사면체의 정의는? 정사면체의 모서리의 개수는?

- 정사면체를 그려보아라. 꼬인 위치의 두 모서리가 있는가?

- 꼬인 위치의 두 변을 제외한 네 변의 중점을 이었을 때 나오는 도형은?

- 정사면체의 한 변의 길이를 1이라고 하면, 그 도형의 둘레의 길이는 얼마인가?

- 그 도형과 평행하게 정사면체를 잘랐을 때 생기는 단면은 무슨 도형인가?

- 그 단면의 둘레의 길이는?

- 그 단면의 넓이의 최댓값은?

(여)

- 강물의 속도가 3m/s이고 배의 속력이 5m/s이다. 배가 강물이 흘러가는 방향과 같은 방향으로 흘러가면 10분 후에 몇 m 이동하게 되는가?

- 그 거리를 배가 강물을 거슬러 올라갈 때 총 몇 분이 걸리는가?

- 같은 거리를 배가 강물을 거슬러 올라갈 때 처음처럼 10분이 걸리려면 배의 속력은 몇 m/s가 되어야 하는가?

- 강물을 가로질러 가려고 한다. 최단거리로 가려면 뱃머리 방향을 어떻

게 잡아야 하는가?

- 앞에서 말한 것처럼 뱃머리의 방향을 잡았을 때, 10초 후 배는 몇 m를 지나온 것이 되는가?

(지역인재전형)

게임을 하는데 한 게임에는 한 명씩만 이길 수 있고, 이긴 사람은 자신이 가진 구슬만큼 다른 사람에게서 각각 구슬을 받는다. 이 규칙으로 세 번의 게임을 해서 각각의 사람이 한 번씩 이겼다. 게임이 끝났을 때 세 사람이 모두 27개의 구슬을 가지고 있었다. 이 세 사람이 게임을 시작하기 전에 가지고 있는 구슬의 수는 같았을까? 달랐을까?
가장 많은 사람이 가지고 있는 구슬의 개수는?

◎ 상산고 기출문제 (2015학년도)

〈집단〉

- 배달앱 회사가 취하는 이득이 바람직한가?
- 한식의 고유성을 보존해야 할 것인가? 퓨전한식을 개발해야 할 것인가?

〈수학〉 - (남)

- 남자가 90개의 계단이 보이는 에스컬레이터를 걸어갔는데, 45계단만에 올라갔다. 그러면 에스컬레이터의 속력이 2배가 되었을 때 남자는 몇 계단을 올라가면 도착하는가?

- 어른과 아이가 에스컬레이터를 올라간다. 어른이 3계단 올라갈 때, 아이는 1계단 올라간다. 어른은 60계단만에 도착하였고, 아이는 40계단만에 도착하였다면, 에스컬레이터의 계단수는? (단, 에스컬레이터의 속력은 모른다.)
- 원뿔모양의 산이 두 개 있는데, 각각 45도와 30도 경사이다. 올라가는 속도가 같다면 어느 쪽이 더 빠른가? 속도비가 어느 정도 되어야 동시에 올라갈 수 있나?
- 높이가 1일 때 경사면의 길이는? 30도 경사의 등반속도를 2배로 한다면 어느 쪽이 빨리 도착하게 되나?

〈과학〉 - (여)
- 아세톤의 물과 에탄올을 분리하는 방법은?
- 질소와 산소를 분리하는 방법은?
- 혼합물을 분리하는 방법에는 무엇이 있나?

◎ 상산고 기출문제 모음

[공통 질문]
• 학급에 학교폭력을 당하는 친구가 있다면 어떻게 할 것인가?
• 배달앱의 수수료는 13~17% 가량이다. 타당하다고 생각하는가?

- 톰아저씨의 오두막집에서 톰아저씨와 현대생활에서 비슷한 계층은 어
  딘가?
- 학급회의의 변화된 점은 무엇인가? 반장되기 전과 후를 비교하시오.

🗨 상산고 면접 후기

■ 집단토론

〈1차 발언〉

저는 ㄴ의 입장으로, 역사적 허구물이 포함된 영화나 드라마 등의 대중문화에 반대합니다. 위 제시문에서 다빈치 코드에서는 예수와 마리아 막달레나의 관계를 허구로 써서 사람들에게 관심과 재미를 줍니다. 다빈치 코드뿐만 아니라 불멸의 이순신, 구르미 그린 달빛 등 많은 역사드라마에는 역사적 허구물이 포함됩니다. 현대사회의 대중문화는 굉장히 파급력이 큽니다. 이 의미는 결국 남녀노소 관계없이 모두 역사적 허구물이 포함된 드라마나 영화를 모두 쉽게 접할 수 있다는 의미입니다. 그렇게 되면 어른은 아니더라도 역사적 사고와 관념, 지식이 올바르게 바로잡히지 않는 어린이들이나 학생은 왜곡된 역사의식이 자리잡을 수 있습니다. 이는 미래의 세대를 이끌 대한민국의 씨앗들에게 큰 악영향을 끼칠 수 있기 때문에 전 역사적 허구물이 포함된 대중문화에 반대합니다.

〈2차 발언〉

지금 찬성하는 토론자분들께서는 역사적 허구물이 포함된 대중문화를 제한하는 것은 개인의 표현의 자유를 침해하는 것이며, 이는 대중문화의 재미를 떨어뜨리고, 관심을 유도하지 못하게 만들어 드라마, 영화의 발전에 저해되는 요소라고 말씀하셨습니다. 하지만 과거 선풍적인 인기를 끌었던 귀향, 명량 등의 영화를 예로 들면 이는 역사를 객관적 사실에 입각하여 제작하였음에도 불구하고 대중들에게 큰 인기와 감동을 불러일으켰습니다. 이처럼 꼭 허구가 포함되지 않더라도 작품에 해학적, 풍자적 요소를 포함시켜 감동과 재미를 충분히 줄 수 있습니다. 그리고 작가의 표현의 자유를 보장하려다가 설사 미래사회를 이끌 어린이들의 역사적 인식이 왜곡된다면 이는 현재의 독도영유권 분쟁, 또 미래에 일어날 국제적 관계에서 외국에 대해 불리한 요소를 드러내는 등 국가를 수호하는 데 지장이 될 수 있으므로 전 역사적 허구물에 반대합니다.

〈3차 발언〉

네, 현재 찬성 측의 입장은 작가의 자유와 권리를 보장하기 위해서, 대중문화의 발전과 재미를 위해서 역사적 허구물을 찬성하고 있고, 반대 측에서는 역사적 인식이 왜곡됨으로써 미래사회를 이끌 주역에게 악영향을 끼친다는 점, 객관적 사실에 입각하여도 좋은 대중문화를 만들 수 있다는 점을 근거로 반대하고 있습니다. 저 또한 대중문화를 즐기는 사람이기 때문에 찬성 측의 입장을 일부분 존중합니다. 하지만 제 생각에 역사란 것은 저술자의 출신국가와 가치관에 따라 주관적으로 해석될 수 있다고 생각해도, 역사의 근본적인 사실 자체는 객관적이어야 한다고 생각합니다.

또한 전에 말씀하셨던 다큐 등의 교육자료보다는 대중적 미디어가 사람들에게 더 큰 영향을 끼칩니다. 따라서 저는 미래의 주역들을 위해서 대중들에게 재미와 감동을 주는 풍자적, 해학적 요소를 포함시킨 객관적 역사물을 만들어 보급하는 방향으로 대중문화를 제작하는 것이 올바르다고 생각합니다.

■ 자기주도학습 면접

〈공통수학문제〉
- A라는 여자아이는 차량번호를 앞의 두 번호만 보았는데 그 두 숫자가 같았다.
- B라는 여자아이는 차량번호를 뒤의 두 번호만 보았는데 그 두 숫자가 같았다.
- 네 자리의 차량번호가 어떤 수의 제곱이 되는 수일 때, 차량번호를 구하시오.

지원: 안녕하세요!

면접관1: 평가지 주시고, 앉으세요.

지원자: 예

면접관1: 거의 마지막 조여서 엄청 많이 기다리느라 지쳤을 텐데, 힘들지 않아요?

지원자: (웃으면서) 아니요, 괜찮습니다.

면접관1: 그럼, 차량번호는?

지원자: 제가 아직 차량번호는 구하지는 못했지만 제가 지금까지 푼 과정을 설명드리겠습니다.

면접관1: 그래요.

지원자: A와 B의 여자아이 말에 따르면, 차량번호는 각각의 자릿수별로 말씀드리면 x,x,y,y입니다. 그리고 이것을 하나의 수로 계산한다

312

면 각각 천의 자리, 백의 자리, 십의 자리, 일의 자리로 계산하여 1000x+100x+10y+y로 1100x+11y가 됩니다. 이 미지수를 포함한 식에서 공통인수를 빼면 11(100x+y)가 됩니다. 문자를 포함하면 차량번호는 11(100x+y)가 되고, 어떤 수는 루트 11(100x+y)가 됩니다. 저는 여기까지만 풀이하였습니다.

면접관1: 어떤 수를 구하면서 루트를 씌우면 너무 복잡해지네요. 그럼 어떻게 해야 할까요?

지원자: 루트를 이용하지 않고 차량 번호 자체인 11(100x+y)를 이용하여 구하는데, 이것이 어떤 수의 제곱이니 배수관계를 이용하면 될 것 같습니다.

면접관1: 그래요. 그럼 어떤 게 뭐의 배수일 것 같아요?

지원자: 100x+y가 11의 배수일 것 같습니다.

면접관1: 그럼 그걸 이용해서 구해봐요.

지원자: 예. 시간을 조금 주시겠습니까?

면접관1: 그래요.

　　　　(10초 정도 풀다가…)

면접관1: 그래, 그럼 만약에 어떤 수의 제곱이 되는 수와 그렇지 않은 수가 무작위로 엄청 많이 나열되어 있어요. 이때 지원자가 그렇지 않은 수는 버리고 어떤 수의 제곱이 되는 수만 뽑아야 된다면, 그럼 지원자는 우선적으로 어떤 기준으로 버리고, 뽑을 겁니까?

지원자: 아까 전에 수학문제랑 관련되어서 말씀드리나요?

면접관1: 아니요. 이건 다른 문제입니다.

지원자: (3초 정도 생각하다가) 저는 각 수의 마지막 자릿수인 일의 자리를

보고 결정할 것 같습니다.

면접관1: 어떻게요?

지원자: 어떤 수의 제곱이 된다는 것은 일의 자리수에 절대 들어가지 못하는 수가 있습니다. 1부터 9까지 각각 제곱하여 그 제곱한 수의 일의 자리수는 각각 1,4,9,6,5,6,9,4,1 이렇게 됩니다. 그렇게 되면 0,2,3,7,8…… (면접관이 말을 갑자기 끊었다)

면접관1: 그래요. 그런 식으로 일의 자리를 이용해서 우선적으로 버릴 수 있어요.

면접관2: 그럼 학생은 자소서에 뷰티풀마인드라는 영화를 보고 내쉬균형에 대해 무려 2년간이나 개인적으로 연구했다고 했어요.

지원자: 네

면접관2: 그러면 '내쉬균형'이 뭔지 설명해줄래요?

지원자: 네, '내쉬균형'이란 노벨경제학자 수상인 존 내쉬가 만든 이론으로 게임이론 중 하나의 개념입니다. 어떤 딜레마의 상황에서 선택을 할 상황이 생길 때, 상대에게 절대 우위의 지배전략이 없을 경우, 자신이 자신에게 최대의 이익을 가져오는 선택을 하는 것이 아니라 상대의 선택까지 고려하여 서로에게 가장 합리적인 결과를 이끌어 낼 수 있는 최적의 전략과 그에 따른 집합을 말합니다. 이때 상대가 선택한 전략이 자신이 예상한 것과 똑같을 때 내쉬균형에 도달하게 됩니다. 다시 말해서 서로에게 가장 합리적인 최적 선택의 집합을 말합니다.

면접관2: 네, 그러면 내쉬균형이 일상생활에서 사용되고 있는 예를 탐구하였다고 했는데 그 사례를 하나 말해줄래요?

지원자: 네. 저는 연구 중 설문조사를 하기 위해 스스로 많은 예시를 탐구하였습니다. 그 중 죄수의 딜레마가 대표적이지만, 사회경제 분야에서 이용되고 있는 카르텔 감면제도의 예를 말씀드리겠습니다. A사와 B사가 있습니다. 이때 두 회사는 서로 핸드폰 가격을 함께 인상하기로 약속하였습니다. 이는 기업이 소비자를 대상으로 하는 지능형 범죄의 하나인데요, 만약 이 사실을 공정거래위원회에 신고하게 된다면 신고당한 회사는 큰 손해를 보게 됩니다. 이때 두기업의 선택을 보는 것입니다. 이때 두 기업의 선택은 서로를 신고하는 것이었습니다. 서로 침묵의 경우는 사람의 심리상 서로를 의심할 수 있고, 신고당할 수 있다는 두려움 때문에 '신고'라는 다른 대안으로 갈 수 있는 이탈할 유인이 존재하기 때문에 내쉬균형이 되지 못합니다. 그렇지만 신고의 경우는 신고를 선택함으로써 심리적 두려움도 사라지고 '침묵'을 선택하는 이탈할 유인도 존재하지 않는, 서로에게 최적의 합리적 전략의 집합이기 때문에 내쉬균형이 됩니다. (말하는 데 계속 면접관들이 흐뭇하게 웃으심)

면접관1: (웃으시며) 네, 시간이 좀 오래됐네요. 수고하셨어요.

지원자: 네, 감사합니다.

■ **독서, 인성 면접**

지원자: 안녕하세요.

면접관: 평가지 이리 주고, 앉으세요.

지원자: 예

면접관: 그러면 앞에 종이 읽고 지원자가 가장 감명깊게 읽은 책을 말해줄 래요?

지원자: (10초 정도 생각하다가) 말씀드려도 되나요?

면접관: 벌써? 그래, 얘기해봐요.

지원자: 제가 가장 감명깊게 읽은 책은 헤르만헤세의 '수레바퀴 아래서'라 는 책입니다. 저는 이 책을 읽기 전에 공부를 남들의 기대에 부응 하기 위해서, 남들의 시선을 의식하며 보여주기 위해 공부하였습 니다. 그런데 이 책을 읽고 나니 많은 점이 변화되었는데요, 전 이 책을 읽으면서 제가 한스와 굉장히 닮았다고 생각을 했습니다. 제가 남들을 위해 공부하는 모습이 꼭 출세를 위해 수단적 삶을 사는 한스와 같았었죠. 저는 이 책을 읽고 내가 만약 이대로 공부 한다면 언젠가 한계에 부딪히겠구나, 내가 설사 이대로 성공하더 라도 삶의 의미도 못 느끼고 행복할 수 없겠구나... 라는 생각이 들었습니다. 그 후 저는 남들을 의식하지 않고 나를 위한 진정한 공부을 하며 나만의 이상을 추구하는 그 자체가 목적의 삶이 될 수 있는 삶을 살 수 있게 해주었고, 나를 찾고 나를 사랑할 수 있 는 계기가 되었습니다. 이러한 변화 덕분에 가장 감명깊었던 책 이었던 것 같습니다. 그리고 헤르만 헤세는 '수레바퀴 아래서'를 자신의 자서전이라고 칭하며 이 책으로 당시 출세를 위한 수단적 교육을 하는 세태를 비판하는 입장을 밝혔습니다. 저 역시 현대 사회의 입시를 위한 교육만 중요시하여 입시를 위한 수단적 삶을 사는 청소년들과 그 세태를 비판하는데 이러한 생각으로 볼 때 제 생각은 작가와 비슷합니다.

면접관: 그럼 지원자가 이 책을 읽고 감명깊었던 이유나 변화하였던 점을 지원자가 읽은 또 다른 책 2권을 근거로 들어 설명해줄래요?

지원자: 네, 그런데 조금만 생각할 시간을 주실 수 있나요?

면접관: 그래.

지원자: (5초 정도 후에) 네, 전 이 책을 읽고 첫째는 제가 제 자신을 위한 진정한 공부를 하며 제 자신만의 이상을 쫓으며 그 자체가 목적이 되는 삶을 살 수 있는 계기가 되었다고 하였고, 두 번째는 이 책이 나를 찾고 사랑할 수 있는 계기가 될 수 있었다고 말씀드렸습니다. 첫 번째의 근거로써는 진웹스터의 '키다리 아저씨'라는 책을 예로 들겠습니다. 키다리 아저씨의 주인공인 주디는 '진정한 행복은 작은 행복에서 시작하지요. 목표에 도달하려고 안간힘을 쓰는 사람들은 그 목표에 도달하든, 도달하지 못하든 결국엔 삶의 의미를 잃어버리게 되요.'라는 말을 합니다. 이처럼 단순히 출세와 입시를 위해 수단적인 공부를 하게 된다면 결국 성공하더라도 삶의 의미를 잃어버리게 됩니다. 두 번째는 장기려 박사님과 관련된 내용의 책인데요, '장기려, 우리곁에 살다 간 성자'라는 책입니다. 장기려 박사님은 치료를 할 때 항상 사람들에게 사랑과 헌신을 베풉니다. 장기려 박사님은 남들에게 사랑과 치료를 베풀 듯 자신도 자신의 삶의 비전을 바탕으로 모든 상황 속에서 만족하고 감사하게 살며 자신 역시 사랑하셨습니다. 이러한 점에서 저도 미래에 인도적인 종양내과의로서 남들에게 사랑을 베풀기 위해서는 나를 사랑하지 않으면 베푸는 사랑도 형식적이고 가식적인 사랑밖에 될 수 없다는 생각이 들었습니다. 그래서 저는 이 책 두 권을

들어 수레바퀴 아래서는 저에게 많은 변화를 주었다고 설명 드렸습니다. 또한 요즘 수단적 삶을 살며 입시에 스트레스를 받는 청소년들의 세태가 심해질수록 이 책은 더욱더 가치가 빛나는 책이라고 생각합니다.

면접관: 그래요, 그러면 학생부 관련해서 하나 물어볼게요.

지원자: 예.

면접관: 지원자는 자소서에 나눔을 하는 의사가 되겠다고 했어요. 지원자가 10을 가지고 있는데, 있는 것 중에서 5를 나눠주겠다는 거삲아요. 예를 들어서 지원자가 친구에게 공부를 가르쳐주며 나눔을 했는데 그 학생이 지원자보다 등급이 더 잘나왔다면, 억울하지 않겠어요?

지원자: 저는 평소에 친구들에게 또래멘토링을 하며 공부도 알려주고, 학급반장으로서 준비물도 잘 빌려주고, 자원하기 싫은 일도 제가 도맡아 하는 편인데요.

면접관: (갑자기 말을 끊고 웃으시며) 그래, 그럼 넌 억울하지 않아?

지원자: 물론 제 최대의 이익을 위해서는 나눔을 하지 않는 것이 가장 좋습니다. 하지만 저는 베풂과 나눔의 의미는 내가 아니라 다른 사람이 잘되기를 바라며 하는 것이고, 다른 사람이 잘 되었을 때는 더욱더 그 자체로 기뻐해야 한다고 생각합니다. 또한 나눔이란 것이 보답을 바라지 않고 그 자체로 자기만족이기 때문에 전 억울하지 않을 것 같습니다. 제가 한 경험이 있는데요, 제가 또래멘토링을 하며 한 친구에게 수학을 가르쳐 주었는데 그 친구가 시험 때 저보다 더 잘 나왔던 적이 있었습니다.

면접관: (내가 말하는 도중에 웃으시며) 어이구...

지원자: 그때 물론 제가 실수를 조금 해서 평소보다 낮게 나온 것도 있었
지만 그때 그 친구가 저에게 제 덕분에 시험을 잘 볼 수 있었다는
말에 전 전혀 억울하지 않고 더 뿌듯했습니다.

면접관: 그래, 좀 시간이 늦어져서, 이제 나가봐도 돼.

지원자: 예, 감사합니다.

🎯 현대청운고 창의 면접 기출문제 (2020학년도)

다음은 특정 시기의 지도와 당시 사용되었던 전구의 그림이다. 지도와 그
림을 참고하여 당시 시대 상황을 설명하고, 그림과 같은 전구가 왜 사용되
었을지 설명하시오.

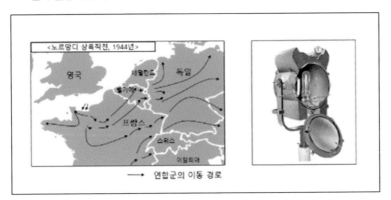

부록 319

⊚ 현대청운고 기출문제 모음

[문제] 인구의 수가 비슷한 지역 a, b, c가 있습니다. 1899년에는 기근으로 인해 a지역에서는 a지역 전체 인구의 5% 30만 명이 사망했고, 1900년에는 b지역에서 전체 인구의 절반이 사망했으며, 1902년에는 c지역에서는 40만 명이 사망했습니다. b지역 인구를 구하는 방법에 대해서 말해보세요(아프리카의 인구증가율 3%).

- 본교에 지원한 동기는?
- 본교를 알게 된 계기는?
- 고등학교 수학을 했다는데, 어디까지 했나? 선행이 필요한 이유는 무엇이라 생각하는가?
- 수학심화학습 중 가장 어려웠던 문제는 무엇이며, 푸는 시간은 얼마나 걸렸는가?
- 영자신문이 학생에게 어떤 도움이 되었는가?
- 자신만의 공부법으로 기록한 내용에 대해 보다 구체적으로 설명해보시오.
- 자기주도학습 시간은 하루에 얼마나 되나?
- 방과 후 수업을 들은 이유와 방과 후 수업이 일반수업과 달랐던 점은?
- ○○○에 대해 궁금증을 갖게 된 계기는?
- ○○○을 전공하려는 이유는?
- ○○○책을 가장 인상 깊다고 선택한 이유는? 책의 작가와 닮고 싶은 점이 있다면?

- ○○○에서 지은이의 도전정신을 알 수 있는 부분은 어디였나?
- ○○○책 외 다른 기억에 남는 책이 있다면?
- 장래희망은 무엇을 하는 사람이라고 생각하는가?
- 장래희망이 되고자 결심한 계기는 무엇인가?
- 장래희망이 되기 위해 필요한 자질은 무엇인가?
- 장래희망을 이루기 위해 다른 특목고 진학이 더 유리하지 않은가?
- 학생의 장래 희망은 본교에서 더 잘 길러줄 수 있다고 생각하는 이유는?
- 가장 존경하는 직업의 인물은 누구인가?
- 사랑을 받는 것보다 주는 것이 더 행복하다고 느낀 이유는?
- 아직 기억에 남는 봉사활동이 있다면?
- 각각의 봉사활동을 비교해 본다면?
- 봉사활동 중 가장 힘들었던 점과 그 해결 방법은?
- 입학 후 기숙사 생활에서 가장 큰 어려움은 무엇이라 예상하며 그 해결책은?
- 친구들에게 도움을 받아본 적이 있다면?
- 친구와 다투고 난 뒤 친구가 계속 대화를 거부하면 어떻게 할 셈인가?
- 리더가 갖춰야 할 중요한 자질은?
- 모둠 학습과 개별 활동 중 본인이 선호하는 것과 그 이유는?
- 단체 활동에서 자신의 의견이 전체의사결정에 반영된 비율이 얼마나되나?
- 학생회 활동에서 갈등이 생기면 어떻게 해결할 계획인가?
- 어떤 도전을 통해 지금의 꿈을 갖게 되었나?

- 중학교 수학과 고등학교 수학의 차이점은 무엇인가요?

- 행복한 학급이란 어떤 학습을 말하는가?

- 봉사활동을 하면서 장애우에 대한 인식이 어떻게 바뀌었나요?

- 재력과 능력이 갖춰지면 무엇을 하고 싶나요?

- 인류의 가장 위대한 발명품 3가지는 무엇이라 생각하나요?

- 갈릴레이가 자유낙하 실험을 한 곳과 떨어뜨린 물건은? 낙하시간을 측정하는 방법은?

- 노인봉사활동 중 이르신들께 들었던 이야기는?

- (어르신의 이발중인 사진제시) 사진을 보고 생각나는 3가지를 말하시오.

- 친구에게 수학을 가르치는 과정을 통해서 왜 자신의 성적이 올랐다고 생각하는가?

- 지적장애인을 고용하는 회사 CEO로서 회사가 어려울 때 어떤 기준으로 지적장애인을 내보낼지 말해보세요.

⊙ 하나고 기출문제 (2019, 2020학년도)

[2019학년도]
1. 장래 희망이 경영가인데 샤피라 이론에 대한 개념과 본인의 생각에 대해 말해보세요.
2. 자기소개서에 수학을 좋아한다고 했는데 최근에 풀었던 기억나는 수학문제를 말하고 어떻게 풀었는지 설명해 보세요
3. 성적표에 B가 2개 있고, 성실도가 부족하다는 생활기록부의 내용이 있는데 왜 그런지 이유를 말해보세요.
4. 시각장애 타자 봉사시간이 많은데 왜 이 봉사활동을 했는지 말해보세요
5. 활성탄 흡착에서 색소분자 흡착할 때 냄새분자로 흡착이 가능한지와 그 이유에 대해서 말해보세요
6. 꿈이 디자이너라고 했는데 디자이너와 프로그래머의 차이점이 무엇인지 설명해 보세요.
7. 외국인에게 우리나라를 소개할 때 어떠한 것을 가장 먼저 소개하고 싶나요
8. 자기소개서에 음악이 취미라고 적었는데 음악과 공부를 병행가능한지 설명해 보세요.
9. 자기소개서에 경제학자가 꿈이고 다문화 봉사활동을 많이 했다고 했는데 본인이 경제학자가 되면 다문화가정 아이들에게 어떠한 방법으로 경제적 이익을 줄수 있는지 설명해 보세요

[2020학년도]
1. 외계인이 지구 언어를 안다고 가정할 때, 외계인에게 인간에 대해 설명해 보세요.
2. 시각장애인에게 노을을 설명해 준다면 어떤식으로 말해보세요.
3. 장래희망이 수학자라고 자기소개서에 썼는데 수학자가 되기 위해 필요한 덕목은 무엇이라고 생각하나요.
4. 자가소개서에서 장래희망을 항공분야라고 했는데 비행금지구역과 제한구역의 차이점을 말해보세요.
5. 학급 회장을 하면서 갈등이 생겼을 때 의견을 조율했던 경험에 대해 얘기하시오.
6. 본인은 원소에 비교한다면 어떤 원소라고 생각하는지 말해보세요.
7. 아나운서가 꿈이라고 했는데 본인이 생각하는 언론의 자유란 무엇인지 말해보세요.
8. 생명의 가치를 매길 수 있는지 말해보고, 그 가치의 근거는 무엇인지 설명해 보세요.
9. 자기소개서 중 법의학 발전에 대해 썼는데, 구체적으로 어떤 법이 어떻게 발전했으면 좋겠는지 말해보세요.
10. 하나고를 세단어를 이용하여 표현해 보세요

◎ 하나고 기출문제 모음

- 백신이 부족할 경우 누구(부유층, 중학생, 영유아부모, 노약자, 의료진, 군인)에게 처방할 것인가?
- 간단한 자기소개(취미, 성격 등)와 지원동기를 말해보시오.
- 하나고의 건학이념에 대해 말해보시오.
- 하나고의 1인 2기가 자신에게 어떤 도움을 줄 거라 생각하는가?
- 시험공부를 위해 자신이 세웠던 학습계획에 대해 보다 구체적으로 설명해보시오.
- 자기주도로 성적이 올랐다 했는데, 성적이 오르지 않는 자기주도학습도 좋은 것이라 생각하는가?
- 입학 후 성적이 오르지 않아 스트레스가 쌓인다면 어떻게 해결할 것인가?
- 자신의 해결책에도 불구하고 성적이 계속 오르지 않는다면 즐거운 학

교생활이 가능할까?

- 학습계획이 지켜지지 않을 때 어떻게 했나요?

- 자신만의 공부법에 대해 보다 구체적으로 설명해보시오.

- 본인의 영어공부법과 연관하여 현재분사와 과거분사에 대해 설명해보시오.

- 본교 입학 후 어떻게 공부할 것인가?

- 예체능활동이 많았는데, 관련 활동과 공부는 어떻게 조절했나요?

- 과학에 관심이 많은데 과학고 대신 하나고를 선택한 이유는?

- 입학 후 ○○○을 연구해보겠다는데, ○○○의 문제점은 무엇이라 생각하는가?

- 하나고를 자주 방문하였다는데, 무슨 생각이 들었나요?

- 영어공부 방식을 얘기했는데, 특정 영어시험을 위해 공부했나요?

- 함수적 표현을 배제하고 미적분의 개념을 설명해보시오.

- 우주 태초에 원소가 만들어진 과정과 맨 처음 생성된 원소에 대해 말해보시오.

- 수학선행을 할 때 모르는 문제들을 해결하기 위해 어떤 노력을 했나요?

- 신소재의 사전적 의미와 본인이 생각하는 신소재란?

- ○○○이 되고 싶은 계기나 이유에 대해 설명해보시오.

- ○○○이 되기 위해 중학교 때 구체적으로 어떤 노력을 했나요?

- ○○○이 갖춰야 할 가장 중요한 자질은?

- ○○○의 갖춰야 할 자질 중 ○○○이 가장 중요하다 했는데, 본인이 그런 자질을 발휘한 경험은?

- ○○○이 되기 위해 무엇을 어떻게 해야 하는지 말해보시오.

- ○○○이란 직업에 대해 자세히 설명해보시오.

- ○○○이 된 후 하고 싶은 일은?

- 과학교사가 된다면 물화생지 중 어떤 과목을 가르치고 싶나요? 선택한 이유는?

- 법의학이 왜 보편화되어야 한다고 생각하는가?

- 의대에 진학하려는 이유와 자기 인성이 의대와 어떻게 잘 맞는지 설명한다면?

- 본교의 ○○수업을 듣고 싶다고 했는데, 장래희망과는 구체적으로 어떤 연관이 있나요?

- 장래희망이 바뀐 이유는?

- ○○모형을 만드는 과정에 대해 구체적으로 상세히 설명하고 가장 힘들었던 점에 대해 말하시오.

- ○○○프로젝트에 참여해 본인은 구체적으로 어떤 기여를 했으며, 그것을 위해 무슨 노력을 했나요?

- ○○탐사대 경험이 있는데, 탐사내용을 보다 구체적으로 말해보시오.

- 그림을 잘 그린다고 했는데, 어떤 종류의 그림을 잘 그리는가?

- 하루 컴퓨터 사용 시간과 주로 하는 작업은?

- 운영하고 있는 블로그는 어떤 내용의 블로그인가?

- 동아리에선 주로 어떤 주제로 토론했으며, 최근 토론 주제에 대한 본인의 의견을 토론 당시처럼 말해보시오.

- 방송인터뷰 경험 당시 어떤 내용을 인터뷰했는지 당시 상황처럼 말해보시오.

- 원서를 많이 읽었군요. 이해가 잘 되었나요?

- 독서활동 중 우리나라의 차별문제로 지적하고 싶은 것은?
- 해당 작품에 대한 일반적 해석과 자신만의 해석에 대해 비교 설명해보시오.
- 시를 많이 외운다는데, 교과서엔 몇 종류의 시가 있었나? 외우고 있는 시를 암송해보시오.
- 학생회 ○○○직책을 맡았던 이유와 그 속에서 겪었던 갈등은 무엇이었나요?
- 친구들을 많이 가르쳤다는데, 자신의 가르치는 방식에 대한 친구들의 평가와 그 이유는 무엇이라 생각하는가?
- 다문화 가정 학생들이 일반 한국 학생들과 달랐던 점은?
- 학교축제 중 친구들과의 갈등을 해결한 경험이 있다고 했는데, 갈등의 원인은 무엇이며, 구체적으로 어떻게 해결했는지 말해보시오.
- 자신이 받아 본 롤링페이퍼에는 주로 어떤 내용들이 적혀 있나요?
- 봉사활동 중 가장 인상 깊었던 일과 자신의 역할, 봉사활동이 자신에게 미친 영향에 대해 말해보세요.
- 살면서 가장 힘들었던 일은?
- 그동안 가장 고마웠던 선생님이 있다면?
- 본교 과제연구 프로그램에 관심이 있다고 했는데, 본인의 역량을 감안하여 어떤 주제로 얼마만큼의 질 좋은 연구가 가능하겠나요?
- 학원 대신 애니메이션으로 영어공부를 했다는데, 한 영화를 몇 번이나 반복해 보았으며, 다른 학습법에 비해 효과적이라고 생각하는 근거는 무엇인가요?
- 중학교 3년 동안의 활동 중 가장 의미 있는 활동을 소개하고, 그 활동에

관심을 갖게 된 계기는?

- 특허변호사로서 특허가 많아질 때 단점은 무엇이라 생각하는가?
- 기숙사에서 도난사고 등 도덕적인 문제가 발생했을 때 해결책은?
- 룸메이트와 성격이 맞지 않아 대화를 시도했지만 통하지 않는다면?
- 친구가 본인의 사생활을 제 3자에게 말하고 다닐 때 대처법은?
- 룸메이트가 내 물건을 마음대로 쓰는 것 같은 흔적을 여러 번 발견했다면 어떻게 대처하겠는가?

🎯 외대부고 기출문제 (2021학년도)

- 인권변호사로서 평등한 세상에 기여할 때 생기는 가능성과 한계점은?
- 민식이법 모의재판 활동에서 내가 맡은 역할과 그를 통해 배운 것은?
- 다양성 포용 주택의 경제적인 부분에서 현실 가능성은?
- 기업이 자본을 조달하는 방식을 제시하고 설명하세요.
- '만들어진 진실'의 사례를 말해보세요.
- 파생상품의 유형 중 한 가지에 대해 설명해보세요.
- 터널 조명이 주황색인 이유를 알아내는 실험을 하는 과정에서 자신의 비판적 사고력과 창의 융합 문제 해결력을 말해보세요.
- 유튜브 플랫폼에 대한 자신의 생각을 말하고 유튜브 플랫폼의 최근 사회적 문제와 이를 개선하기 위해 할 수 있는 방안, 유튜브 플랫폼을 대체할 수 있는 자신의 계획을 제시해보세요.
- 체험활동 학습법을 통해 백문이 불여일견을 실감했다고 하는데 이 학

습법의 단점과 이를 보완할 수 있는 방안을 말해보세요.

🎯 외대부고 기출문제 모음

- 물리학자가 꿈이라고 했는데, 물리학의 역사에 대해 설명하고 물리학의 대중에 기여할 방법이 무엇이 있는지 말해보세요.
- 인공지능의 긍정적인 측면과 부정적인 측면에 대해 설명하고 해결방안을 제시하시오.
- 외과의사 지망생으로 관련 기사와 논문을 찾아보았다고 했는데 응급의료체계와 관련하여 사회적 문제 해결방법에 대해 말해보세요.
- 이산수학과 컴퓨터의 연관성에 대해 설명해보세요.
- 기숙사 생활을 해야 하는데 기숙사 방장이 된다면 갈등이 발생할 시 어떻게 문제 해결을 할지 이야기해 보세요.
- 오케스트라는 소리의 조화를 이루는데, 독주와 오케스트라의 차이점에 대해 이야기해 보세요.
- 바이오 에너지와 현 에너지의 문제점과 해결방안을 제시하시오.
- 행동경제학 원리에서 각인효과를 벗어난 편견의 굴레를 어떻게 생각하나요?
- 오가노이드와 관련하여 긍정적인 영향과 부정적인 영향을 말해보세요.
- 성소수자, 동성애 논란에 대해 지원자는 어떻게 생각하나요?
- 병자호란과 우리나라 현재 외교 상황을 말해보세요.
- 예전의 로마/스파르타의 관계와 예전 영국/독일의 관계와 현재 미국/

중국과의 관계를 비교하여 장단점을 말해보세요.

- 초등학교 때 시간에 대해서 학습을 하였을 것입니다. 24시간, 60분, 60초 방식의 복잡함 때문에 어려움을 겪은 기억이 있을 텐데요. 한때 하루를 10시간, 1시간을 100분, 1분을 100초로 하려는 시도가 있었습니다. 이와 같은 방식으로 바꿨을 때, 장단점을 말해보세요.

- 지원자는 지원하고자 하는 특목고의 동아리 연합회장이다. 학교의 동아리실 운영을 위하여 현실적인 동아리반 배정을 어떻게 하면 좋겠는가? 몇 개의 동아리를 어떻게 운영을 하겠는가?(현재 지원자의 특목고는 동아리수가 200개다.)

- 환경문제 미세먼지에 대해 인문학적, 사회학적 관점에서 해결방안을 내려보세요.

- 사람의 감정을 디지털화한다면 어떤 변화가 있을 것이고, 그때 어떤 대책을 내릴 것인지 말해보세요.

- 남혐, 여혐을 일으키는 커뮤니티 사이트를 폐쇄해야 하는가?

- 현대 사회인에게 가장 필요한 가치나 덕목은 무엇인가?

- 과학자의 입장에서 인문사회학을 어떻게 부흥시킬 수 있는가?

- '학생은 (㉠)이다. 그러나 (㉡)이다. 그러나 (㉢)이다.'에서 (   )에 들어갈 단어와 그 이유를 본인의 경험과 관련지어 말해보세요.

- 현대사회에서 인문학의 필요성에 대해 말해보세요.

- 인간의 바람직한 평균수명을 말하고, 논리적 이유를 들어 설명하시오.

- 진학하고 싶은 외국대학을 말하고, 학생회장으로 출마할 경우 내세울 두 가지 이상 공약은?

- 용인외교 마크를 보고 연상되는 단어 두 가지 말하고, 그 이유를 설명하시오.

- 우리나라 통일시기를 예측하고, 통일 이후 국내외 변화를 설명하시오.
- 국내 외국인 범죄율이 높아짐에 따라 외국인의 지문을 채취하는 '지문 날인제도'를 도입하는 것에 대해 본인의 의견을 말하시오.
- 자신의 정체성을 표현할 수 있는 네 글자와 그 이유에 대해 설명하시오.
- 10만 원 지폐를 만든다면, 이때 넣고 싶은 문화재나 인물은 무엇이며, 그 이유는?
- 국가별 행복지수를 측정할 때 중요한 항목 세 가지와 그 이유를 설명하시오.
- 자연, 인문, 국제과정이 다 같이 시너지효과를 낼 수 있는 본교의 교과과정이나 프로그램은?
- 중2는 신체/정신적으로 많은 변화를 겪는 시기이다. '중2는 (   )이다'에서 (   )에 들어갈 단어와 그 이유를 본인의 경험과 관련지어 말하시오.
- 현재 스마트워치, 입체교통시스템, 인공장기, 줄기세포 등의 과학적 이슈가 있다. 30년 후에는 어떤 과학적 이슈가 뜰지 말하고 근거를 들어 설명하시오.
- 한국의 과거에는 (㉠   )이 있었다. 현재는 (㉡   )이 있다. 미래에는 (㉢   )이 있을 것이다. (   )안에 적절한 단어(과학-인물/문화/물건/발명품 등)를 제시하고 그 연관성을 설명하시오.
- 자연과학계열 학생들이 의대와 이공계 중 어디에 지원해야 사회공헌과 국가경쟁력 발전에 도움이 될지 근거를 들어 설명하시오(올림피아드 참가학생 중 30%가 의대 지원).
- 한국을 10번째 방문한 외국인 친구에게 가장 소개하고 싶은 장소 한 곳을 선정하고, 그 곳을 선정한 배경(이유)과 소개할 내용을 말해보세요.

- 대륙이 이동하여 아메리카 대륙과 아시아 대륙이 하나로 합쳐졌다고 할 때, 우리나라와 관련해 어떤 영향을 미칠지, 변화가 있을지 말해보세요.
- (제시어: 국제, 벽, 동전, 가치) 제시어를 사용하되, '국제'를 주제로 하여 1분 동안 말하시오.
- 한국사회의 '사회적 약자'를 아는 대로 말해보고, 이들 중 가장 도움이 필요한 사람은 누구이며 그들에게 우리사회가 어떤 도움을 주어야 하는지 말해보세요.
- '강남스타일'과 같이 우리 고유문화를 세계화하는 방법을 예로 들어보시오.
- 카페에서 남여가 얼굴 맞대고 카카오톡, 페이스북, 싸이월드를 보고 있는 사진을 참고하여, '디지털 매체', '문화', '미래'이 세 단어를 사용하여 그림을 설명해 보시오.
- 본교에 동아리 200개가 있는데 어떻게 배분해야 하는지 합리적으로 설명해보시오.
- 환경오염, 지구온난화 같은 기상이변 및 지구환경문제가 많이 일어나고 있는데, 이것을 해결할 방법을 인문, 사회학 차원에서 얘기하시오.
- 자연과학 학생이 인문사회 과정을 배워야 하는 이유를 설명하고, 본인이 배우고 싶은 인문사회 분야 2가지를 말해보시오.
- 중국에서 현재 이공계 출신 리더들이 성공하고 있다. 이공계 출신 리더들이 성공하는 이유 또는 이공계 출신 리더들의 장점은 무엇인가?
- 중1 수학 선생님이라고 가정하고, 중1 학생들에게 집합을 제일 첫 단원으로 배워야 하는 이유를 설명하시오.

[문제 1]

〈보기〉를 바탕으로 〈자료1〉, 〈자료2〉를 해석한 후 자신의 생각을 말하시오.

〈보기〉

A: 너 잊혀질 권리에 대해 들어본 적 있니?

B: 어떤 사람들은 인터넷에서 자신에 대한 내용을 없애고 싶어해.

C: 그런데 알 권리도 중요하지 않을까?

〈자료 1〉

사람들 사이에 섬이 있다.

나는 그 섬에 가고 싶다.

정현종 시인의 '섬' (내재적 감상만)

〈자료 2〉

독립투사의 위업을 나열함.

〈문제 2〉

더 많은 피자를 먹을 수 있는 선택지를 알 수 있는 방법 2가지를 말하시오.
(반지름을 재지 말 것, 피자의 두께는 같음, 피자와 같은 크기의 종이를 제공,

큰 피자 1개와 작은 피자 2개의 가격은 같음)

◎ 인천하늘고 기출문제 모음

- 본교에 지원하게 된 동기는?
- 자소서 기재된 것 외 자신만의 장점은?
- 한국 사회의 편견을 깨고 내가 원하는 일을 하고자 하려면 어떤 편견을 깨야 할까요?
- 자신만의 공부법이 다른 사람의 공부법과 비교해 갖는 장점은?
- 성적이 하락했던 이유와 그러한 상황이 반복되지 않기 위한 계획이 있다면?
- 다른 과목 공부법에 대해 말해보시오.
- 과목 관심도에 따라 성적편차가 큰 편인데, 무엇이 문제이며 어떻게 극복할 생각인가?
- 자기만의 공부법에 대해 구체적으로 설명해보시오.
- 작성했던 영어에세이의 주제를 영어로 말해보시오.
- ○○도서에서 가장 인상 깊었던 사건에 대해 말해보시오.
- 해당 도서를 읽기 전과 읽은 후에 장래희망에 대한 관점이 달라졌다면?
- 경영자에게 통찰력이 갖는 의미와 연결성의 부정적인 영향에 대해 말해보시오.
- 반면교사와 타산지석의 차이점을 말해보시오.
- 스스로 과학 원리를 터득했다고 했는데, 자신의 혈액형을 부모와의 관

계 속에서 설명해보시오.

- 장래희망과 관련하여 자소서외에 읽은 책이 있다면?
- 선행학습을 얼마나 했으며 본교입학을 위해 선행이 필요하다고 생각하는가?
- 다수가 반대하는 일을 추진할 때 어떻게 처리할 것인가?
- 학교내신에서 선생님들이 왜 헷갈리는 문제를 낸다고 생각하는가?
- 입학 후 활동하고 싶은 동아리 이름의 본래 의미를 말해보시오.
- 입학 후 기숙사 생활에서 오는 스트레스 해소법이 있다면?
- 조별활동에서 같은 조의 학생이 자신의 실적을 가로채서 자신보다 높은 점수를 받는다면?
- 봉사활동이 사회에 미치는 영향은 무엇이라 생각하는가?
- 친구를 돕게 된 계기가 있다면?
- 우리 사회가 장애인에게 갖는 편견은 어느 정도라 생각하며, 이를 깨기 위해 함께해야 할 일이 있다면?
- 마지막으로 하고 싶은 말은?
- 자기주도학습은 어떻게 진행했나요?
- 가장 뜻 깊었던 특별활동은 무엇이었나요?
- 3학년 때도 봉사활동을 했는가?
- 영어를 잘한다고 했는데, 영어공부를 어떻게 했나요?
- 외교관이 갖춰야 할 자질은?
- 본교에 입학하면 사교육을 받지 못할 텐데요. 어떻게 공부할 생각인가요?
- ○○도서를 읽고 느낀 점을 구체적으로 예를 들어 설명해보시오.

- 자신의 장래희망을 선택한 계기는?
- 지원자가 생각하는 ○○○의 자질과 그 하는 일에 대해 설명하시오.
- 학원공부와 학교공부의 차이점과 효율성은 어떻게 다른가?
- 읽었던 책의 주인공에게서 본받고 싶은 점과 지적하고 싶은 점을 말해 보시오.
- 자신만의 수학과 과학 과목 공부방법이 있다면?
- 우리나라 인권신장을 위해 개선되어야 할 부분과 그 방법은?
- 봉사활동 중 인상 깊었던 일은?
- 노인분들에게 꼭 필요한 봉사 3가지는?

🎯 북일고 기출문제 모음

[지원동기, 진로계획 문항]

- 기계공학자가 되기 위해서 어떻게 준비할 것이며, 소요기간은 얼마나 걸릴까요?
- 게임 프로그래머가 되고 싶다고 했는데 컴퓨터 게임을 즐겨 하는 편인 가요?
- 해양생물학자가 되었을 때 이루고 싶은 업적은 어떤 부분이며, 그 이유는 무엇인가요?
- 북일고의 프로그램 중에서 어떤 프로그램에 관심이 있다는 것인지 자기소개서의 내용을 설명해주세요.
- 몸이 불편한 사람들이나 환경에 도움이 되는 로봇을 개발하고 싶은 특

별한 이유가 있나요?

- 국민을 위해 봉사하는 경찰이 가져야 하는 자질이나 태도에는 무엇이 있을까요?

[인성 영역 면접 문항]

- 자기소개서에 교우관계에서 관용과 이해의 정신을 가지고자 노력했다고 했는데, 그런 사례에 대해 말해보세요.
- 자기소개서에 발표를 통해 모둠원을 이끌 수 있는 리더십이 향상되었다고 했는데 이에 대해 구체적으로 말해보세요.
- 학생회장 선거에 출마할 때 학생들이 가장 원하는 것이 무엇인지를 고민하여 공약을 만들었다고 했는데 어떤 공약을 제시했는지 이유와 함께 말해보세요.
- 자신만의 스트레스 해소법이 있다면 이를 말해보세요.
- 1학년 때 친구와 다툼이 있었던 이후에 본인이 어떻게 변화하고 성장했는지 말해보세요.

[면접 문항 모음]

- 타임머신을 타고 과거로 돌아간다면, 자기 인생의 어떤 시점으로 가고 싶은지, 그 이유는?
- 현재 우리 사회의 문제 해결을 위해 장영실, 세종대왕, 이순신 중 어떤 위인의 리더십이 필요한지 그 이유를 말해보세요.
- 역사를 가장 획기적으로 바꿨다고 생각하는 인물은?

- 앞으로 10년간 가장 각광받을 직업은?
- 똑똑한 사람이 따뜻한 사람이 아니라고 하는 사람이 많은데 당신의 생각은?
- 동물농장에서 제일 인상 깊은 주인공은?
- 수학공부 어떻게 했나요?
- 본교에서 자신의 목표를 이루고자 하는 이유는?
- 본교의 어떤 면(프로그램)이 자신의 꿈을 이루는 데 도움이 된다고 생각하나요?
- 본교 선후배관계를 지원동기로 삼았는데, 선후배관계가 지속되려면 어떤 노력이 필요한가요?
- 학습계획은 어떤 식으로 세웠는가?
- 중학교 수학은 어떻게 공부했는가?
- 고교 수학 선행은 어느 정도 했나? 학원은 다녔나요?
- 고교 입학 후 수학학습 계획은?
- 본교 야간수업 프로그램 5일 중 며칠을 참여할 예정이며, 그 이유는?
- 졸업 후 진로계획과 사회봉사계획은?
- ○○과목의 자기주도학습 과정과 이를 통한 성과에 대해 말하시오.
- 입학 후 자기주도학습 계획을 말하시오.
- 자신만의 학습법의 단점을 보완한다면?
- 자신의 진로설정을 위해 어떤 노력을 했나요?
- ○○ 외에 꿈꾸는 다른 진로가 있다면?
- ○○○이 갖춰야 할 가장 중요한 자질은?
- 장래 희망이 바뀐 이유는 무엇인가요?

- ○○책을 통해 얻은 상식과 정보는 무엇인가요?
- 기재된 도서 외 ○○분야의 책 한 권과 그 내용에 대해 말하시오.
- ○○분야 독서가 많은데, ○○에 대한 본인의 생각을 말하시오.
- 최근 알게 된 경제용어와 내년 국제증시 전망에 대해 말해보시오.
- 가장 기억에 남는 책과 그 이유는?
- 독서가 삶에 미치는 영향은?
- 영어 페스티티벌에서 기억나는 대사 일부를 말하시오.
- 봉사활동이 나의 삶과 진로에 미친 영향은?
- 입학 후 계획 중인 동아리나 예체능 활동이 있다면 무엇이며, 본인은 무슨 역할을 하겠는가?
- 입학 후 기숙사 룸메이트와 갈등이 발생한다면?
- 신문에서 최근 이슈가 되고 있는 ○○소송의 내용과 재판결과에 대해 말해보시오.
- ○○활동 중 힘들었던 점과 극복방법은?
- 리더가 갖춰야 할 가장 중요한 자질은?
- 살면서 가장 보람되었던 일과 그렇지 않았던 일에 대해 말해보시오.

🎯 김천고 기출문제 (2019학년도)

[공통면접 문항]

가) 브라이언은 친구 데이비드와 스튜어트와 기차여행을 하고 있다. 기차에서 사과를 먹으며 이야기하던 중 브라이언은 데이비드와 스튜어트에게 "동일한 속도로 달리고 있는 기차 안의 탁자 위에 사과를 보며 이 사과가 움직이고 있을까? 정지하고 있을까?"라는 질문을 던진다. 데이비드는 사과가 정지해 있다고 하였고, 스튜어트는 사과가 움직이고 있다고 하였다. 둘 중 누구의 대답이 맞을까? 사실 두 사람의 대답이 모두 옳다고 할 수 있다. 데이비드의 대답은 기차에 앉아 있는 사람의 관점에서 사과가 정지해있다고 볼 수 있기에 모두 옳다고 이야기 할 수 있다.

나) "종교는 문화의 산물이다."고 했다. 이것은 종교가 문화의 범주 안에서 생성되고 발전되어 간다는 것을 의미한다. 그러므로 그 종교를 이해하기 위해서는 문화적 상황을 이해하는 것이 매우 중요한 일이다. 이러한 이해가 부족할 경우 자기 종교에 대한 절대적 확신을 강화하고 다른 종교를 경시하게 만들어 종교 간 갈등을 유발하기도 한다. 기독교와 이슬람교가 대립한 십자군 전쟁, 독일에서 신교와 구교 사이에 벌어진 30년 전쟁 등을 비롯하여 종교 간의 대립과 갈등은 세계 곳곳에서 현재까지도 지속되고 있다.

다) 만약에 우리와 다른 사회에서 살아온 관찰자가 우리를 연구하게 된다면, 우리의 어떤 풍습이, 그에게는 우리가 비문명적이라고 여기는 식인 풍습과 비슷한 것으로 간주될 가능성이 있다는 점을 인식해야만 한다. 우리가 미개하다고 여기는 대부분 사회의 관점에서 볼 때, 우리와 같은 사회가 행하는 이러한 풍습은 그들에게 극심한 공포를 불러일으키는 것이다. 단지 우리와 대칭되는 풍습을 지니고 있다는 이유만으로 우리가 그들을 야만적이라고 간주하듯이 우리들도 그들에게는 야만적으로 보일 것이다.

[문제]

1. 제시문 가)~다)에서 공통적으로 떠오르는 내용을 말하고 그 이유를 설명하시오.

2. 1번에서 찾은 내용에 대하여 우리 사회 혹은 주변에서 보거나 느낄 수 있는 갈등 사례와 해결책을 구체적으로 말해보시오.

🎯 광양제철고 기출문제 (2019학년도)

[자기주도 학습과정]

- 학교 공부 외에 직접 탐구했던 활동은 무엇인가요?
- 실수 노트, 오답 노트를 같이 작성했는데 그 둘의 차이점은 무엇인가요?
- 잠을 충분히 자면서 공부는 어떻게 했나요?
- 학교에서 배운 내용에 대해 호기심이 생겨 더 탐구한 경험이 있나요?

[독서활동]

- 책이 자신에게 끼친 영향이 무엇인지 책 내용을 포함하여 말해보세요.
- ○○○○이라는 책을 읽었네요. 이 책은 서술자 교환방식을 사용했는데 이 방법을 통해 작가가 의도하고자 한 것은 무엇이라고 생각하나요?

[지원동기]

- 광양제철고에 지원하게 된 동기는 무엇인가요?

[진로계획]

- 꿈이 바뀌게 된 계기가 있나요?

[인성영역]

- 어떤 봉사활동을 해보고 싶나요?
- 인상 깊었던 봉사활동은 무엇인가요?

- 중학교 3년간의 봉사활동 중에서 가장 보람있었던 점과 아쉬웠던 점에 대해 말해보세요.

🎯 포항제철고 기출문제 모음

[공통문항]

- 융합과 복합의 정의를 말하고 일상생활에서 경험할 수 있는 융합과 복합의 사례를 말하고 그 이유를 말해보세요.
- 어떤 문제에 대해서 자신의 해결방법이 최선이라는 확신을 가진 상태에서 다른 사람의 해결방법에 대한 의견을 경청할 때 어떤 태도가 필요한지 말해보세요.

[개별 질문 면접 문항]

- 자원이 고갈되고 환경이 파괴되는 이유는 무엇이며 사람들의 어떤 의식개선이 필요하고 정부가 해야 할 정책은 무엇인가요?
- 봉사시간이 왜 남을 위해 내 시간을 쓰는 것인지 이유를 말하고, 봉사활동을 통해 얻는 가장 중요한 가치는 무엇인가요?
- 수학에서 자신 있는 분야와 자신 없는 분야는 무엇인가요?
- 『폭풍의 언덕』을 읽었다고 했는데 이 책에서 작가가 말하고자 하는 바는 무엇인가요?
- 로봇산업이 발전하게 되었을 때 생길 수 있는 사회문제를 두 가지 말하고, 국가적 개인적으로 어떻게 해결해야 하는지 말해보세요.

- 본교를 선택 지원한 이유는? 본교의 어떤 점 때문에 지원했는가?
- 학교의 어떤 부분이 학생과 맞을 것이라고 생각하나요?
- 학생의 출신도시는 어떤 도시인가요?
- 1학년 때 ○○과목의 성적이 낮았던 이유는?
- 입학 후 성적이 급격히 떨어졌을 때 대비한 학습 계획은?
- 자신만의 공부법이 갖는 장점과 단점은?
- 자신의 자기주도학습 과정이 고교에서 맞지 않을 경우의 대비책은?
- ○○○자서전에서의 ○○○을 소개해보시오.
- 자신의 관심분야 도서를 찾아 정리한 사례 한 가지를 말해보시오.
- 도서관에서 자료를 찾는 것과 인터넷 검색 중 더 효과적인 것은?
- ○○○의 사회적 시각과 자신의 관점에 대해 말해보시오.
- 해외봉사자가 갖추어야 할 소양 2가지를 말해보시오.
- ○○책에 나오는 ○○개념은 무엇을 뜻하는가?
- 해당 작가의 다른 책을 읽은 경험은 없는가?
- 책의 주인공이 역경을 극복한 저력은 무엇이라 생각하는가?
- 본교 교육과정이 자신의 진로목표와 어떤 부분에서 일치하는지 설명하시오.
- 사관학교 진학을 위한 본교에서의 구체적인 계획과 시험과목은 무엇인지 말해보시오.
- 자신의 적성이 장래희망과 어떤 부분에서 잘 맞는다고 생각하는가?
- 간호사가 아니라 간호장교를 선택한 이유는?
- 삼성과 애플의 특허소송에 대한 변리사로서의 생각은?

◎ 민족사관고 기출문제 (2019학년도)

[영어]

'완벽주의'에 관한 영어 지문이 제시되고, 5분의 준비 시간이 주어진 뒤, 전체 글을 요약하고 완벽주의의 긍정적 영향이 어떻게 사회에 발현되고 있는지 말해보세요.

[수학]

원의 정의에 대해서 말해보세요. 그리고 원의 방정식 유도과정도 말해보세요.

함수의 정의에 대해서 말하고, 함수, 방정식, 부등식의 관계에 대해서 말해보세요.

[화학]

화학 면접을 선택한 이유와 선행학습을 어디까지 했는지 말해보세요.

증기의 압력이 온도가 높을수록 커지는 이유에 대해서 말해보세요.

[인성]

특목고가 아닌 민사고를 선택한 이유에 대해서 말해보세요.

🎯 민족사관고 기출문제 모음

- 무감독시험에서 친구가 컨닝하는 것을 목격했다면 어떻게 하시겠습니까?
- 외계인에게 '지루함'의 개념에 대해 설명해 보시오.
- 본인을 음식물에 비유한다면?

🎯 대건고 기출문제 모음

[공통질문: 지원동기]

자신만의 공부 방법에 대해 이야기해보세요.

로봇공학자로서의 정의와 양심이 무엇인지 이야기해주세요.

기억나는 봉사활동이 있다면 이야기해주세요.

[공통질문: 지원동기]

독서를 활용한 자신만의 학습법을 이야기해 주세요.

희망하는 동아리와 활동 계획을 이야기해 주세요.

교내 및 교외에서 인상 깊었던 봉사활동을 이야기해주세요.

[공통질문: 지원동기]

수학과목과 관련하여 성적 향상을 위한 학습법을 소개해주세요.

건축 관련 동아리에서 하고 싶은 활동이 있다면 이야기해주세요.

본인의 인성을 나타낼 수 있는 경험을 이야기해주세요.

[공통질문: 지원동기]

교과와 관련하여 직접 문제를 만들어 보았던 경험을 소개해주세요.

추후 우리 고등학교에서 이수하고 싶은 과목과 이유를 이야기해주세요.

수행평가의 문제 해결 과정을 통해 느낀 점을 이야기해 주세요.

[공통질문: 지원동기]

다른 친구에게 소개하고 싶은 자신만의 학습법을 이야기해주세요.

우리 고등학교에서 어떤 동아리 활동을 하고 싶은지 이야기해주세요.

타인을 배려한 경험이 있다면 이야기해주세요.

[공통질문: 지원동기]

사고노트를 활용한 구체적인 사례를 이야기해주세요.

열심히 하고 싶다는 본인의 생각을 어떤 식으로 실현시켜 나갈 것인지 이야기해주세요.

학급 간부로서 타인을 배려한 경험을 이야기해주세요.

◎ 안산동산고 기출문제 모음

- 동산고의 건학이념, 특성을 말해보세요.
- 동산고에 입학하고 싶은 이유는?
- 플래너 활용법에 대해 말해보세요.
- 봉사활동 방법을 말하고 실제 시연을 보여주세요.

- 수학문제를 한 시간이고, 두 시간이고 풀릴 때까지 고민하면서 풀었다고 했는데, 그것의 장점은 무엇인가? 고등학교에서는 그러한 학습법이 시간이 없을 것 같은데 어떻게 할 것인가?
- 생명과학분야에 대해 공부하고 연구하고 싶다고 했는데, 구체적으로 어떤 분야인가?
- 두 개의 동아리회장을 했다했는데, 했던 활동과 느낀 점은? 구체적으로 무엇을 했는가?
- 동아리회장을 했다면, 사회적 측면에시 회장들의 사회직 비리가 많은데 사회적 비리가 생기는 이유는 무엇이라 생각하는가?
- DUKE대학원을 다니고 싶은 이유는?
- 텃밭 동아리에서 어떤 식물을 길렀고, 느낀 점은 무엇인가?
- 본교의 인재상은 무엇인가?
- 일청이 무슨 동아리인지 알고 있는가?
- 동아리 활동이 많은데 시간 관리는 어떻게 했나요?
- 진로는 무엇인가? 무슨 노력을 하였는가?
- 가르치기가 마인드맵이라 했는데, 가르치기는 학습량이 많은 고등학교에서는 하기 어려울 텐데요?
- 학생이 친구와 의견대립으로 갈등이 있다면 어떻게 해결할 것인가?
- 시간 관리에 대해 적었는데, 구체적으로 얘기해 줄 수 있나요?
- 유배지에서 보낸 편지를 읽으셨는데, 저자가 누구이며, 어디로 유배를 갔고 책에 대해 아는 것을 설명해보세요.
- 마지막으로 하고 싶은 이야기가 있다면?
- 사막에 숲이 있다는 책을 읽었는데, 책 주인공이 사막에 풀씨를 심으면

서 사막생존에 대한 방법을 터득했는데, 그 사례를 들고, 학생의 장래 희망인 교사, NGO활동가로서 어떻게 준비할 것인지 진로와 연계하여 주인공에게 배운 점을 말해보세요.

- 수학이 취약과목이라 극복하기 위해 연구한 과정이 있었는데, 만약 동산고에 입학한다면, 후배가 학생에게 수학공부를 어떻게 하면 좋을지 대해 물어본다면, 학생의 경험에 기초해서 말해보시오.
- 『꾸뻬씨의 행복 여행』이라는 책을 읽었다고 했는데, 지원자가 생각하는 진정한 행복이 무엇인지, 책 내용과 같이 말해보세요.
- 학생의 자기주도학습의 중점은 사회인 것 같은데, 여기서 RRS노트가 혼자 개발한 것인지, 아니면 선생님이 도움을 받은 것인지 말해주세요. (추가)모든 과목을 그렇게 하였는지요.
- 본인의 성격에 대해 설명해보세요.
- 본인이 안산동산고에 입학해야 하는 이유는?
- 본교가 추구하는 인재상에 대해 말해보시오.
- 본인이 작성한 자기주도학습법 중 D-50 학습법은 무엇인가?
- 자신만의 자기주도학습법을 구체적으로 말해보시오.
- 학업스트레스는 어떻게 조절했나요?
- ~~분야에 관심을 갖게 된 계기는?
- 장래희망과 본교입학은 어떤 상관관계가 있는가?
- 입학 후, 본교가 학생의 기대에 미치지 못한다면?
- 본교 입학 후 ○○관련 해보고 싶은 실험이 있다면?
- 참된 봉사의 가치는 무엇이라 생각하는가?
- 단체줄넘기에서 얻은 점은? 왕따는 없어졌나?

- 따돌림은 왜 생긴다고 생각하는가?
- 입학 후 친구들과의 경쟁이 아닌 동행을 강조했는데, 그렇게 생각하는 이유는?
- 독서에서 겪은 어려움과 대처방안은?
- 최근 한 달 사이 읽은 책은 무엇인가?
- 선택적 복지와 보편적 복지 중 어느 것이 우선이라 생각하는가?

⊙ 공주사대부고 기출문제 모음

- 인간은 어떤 상황에서든 불안감을 느낀다고 한다. 지금 당신이 가지고 있는 걱정거리는 무엇이며 그 이유가 무엇인지 말하고 어떻게 해결해 나갈지 서술하시오.
- 『국경없는 의사회』를 읽었다고 했는데 그 외 읽은 책의 제목과 내용을 말하시오.

09

과학고등학교 면접 기출문제

■ 과학고등학교(科學高等學校), 약칭 과학고(科學高), 과고(科高)는 대한민국의 특수목적 고등학교의 한 종류로, 2021년 기준으로 전국에 20개 학교가 있다. 넓은 의미에서는 과학영재학교를 포함하기도 한다.

*2019, 2020학년도 과학고 경쟁률

지역	학교명	2019학년도			2020학년도		
		정원	지원자	경쟁률	정원	지원자	경쟁률
서울	한성과학고	140	595	4.25	140	607	4.34
	세종과학고	160	608	3.80	160	535	3.34
경기	경기북과학고	100	853	8.53	100	880	8.80
인천	인천과학고	80	253	3.16	80	256	3.20
	인천진산과학고	80	253	3.16	80	294	3.68
대전	대전동신과학고	80	300	3.75	80	296	3.70
충남	충남과학고	72	243	3.38	72	258	3.58
충북	충북과학고	54	154	2.85	54	157	2.91
부산	부산과학고	100	100	2.66	100	244	2.44
	부산일과학고	100	100	2.85	100	277	2.77
울산	울산과학고	72	215	2.99	72	235	3.26
경남	경남과학고	100	314	3.14	100	349	3.49
	창원과학고	80	306	3.83	80	283	3.54
경북	경북과학고	40	112	2.80	40	99	2.48
	경산과학고	60	136	2.27	60	121	2.02
대구	대구일과학고	80	263	3.29	80	241	3.01
전남	전남과학고	80	213	2.66	80	257	3.21
전북	전북과학고	60	147	2.45	60	142	2.37
강원	강원과학고	60	173	2.88	60	145	2.42
제주	제주과학고	40	113	2.83	40	96	2.40
계		1,638	5,802	3.54	1,638	5,772	3.52

🎯 충북과학고 기출문제

창의성 면접 문항(융합형)

▣ 평가 문항 2

【제시문】

△△학교 1학년은 3개의 학급으로 이루어져 있다. 〈자료 1〉은 1학년 남학생과 여학생의 비율을, 〈자료 2〉는 1학년 각 반 귓불 유전자형의 분포를 나타낸 것이다.

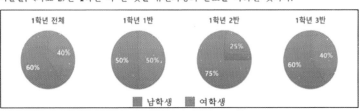

〈자료 1〉 남학생과 여학생의 비율

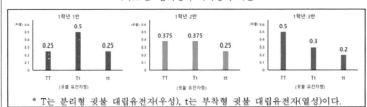

* T는 분리형 귓불 대립유전자(우성), t는 부착형 귓불 대립유전자(열성)이다.

〈자료 2〉 각 반 귓불 유전자형의 분포

【질문】

1. 〈자료 1〉과 아래 〈조건〉을 이용하여 다음 물음에 답하시오.

---〈조건〉---

가. 1학년 전체 남학생 수는 2반 여학생 수의 10배이다.
나. 2반 남학생 수와 3반 남학생 수의 합은 42명이다.
다. 2반 여학생 수는 x, 3반 남학생 수는 y이다.

(1) x, y의 값을 각각 구하고, 그 과정을 설명하시오.
(2) 세 반의 학생 수를 각각 구하시오.

2. 〈자료 2〉를 이용하여 귓불 유전자형이 tt인 학생 수가 가장 적은 반을 말하고, 그 이유를 설명하시오.

3. 1반과 3반에서 각각 한 명씩 임의로 선택할 때, 두 학생의 귓불 모양이 모두 분리형일 확률을 구하고, 그 과정을 설명하시오.

350

⊙ 한성과학고, 세종과학고 기출문제 (2018학년도)

■ 평가 문항 5

【제시문】

　과학 기술이 발전한 어느 날, 달에서 올림픽을 개최하기 위한 올림픽 추진단이 구성되었다. 행사를 계획하던 추진단은 '달은 지구보다 중력이 작다.', '대기가 희박하다.' 는 사실을 알게 되었다. 다음 【질문】에 답하시오. (단, 선수들은 자유로운 호흡과 활동이 가능한 경기복을 착용하고 있다.)

【질문】

　〈예시〉는 달에서 100m 달리기가 진행될 때, 나타날 수 있는 경기 모습과 그 이유(과학적 사실, 과학적 현상)를 '과학적 사실 → 과학적 현상 → 경기 모습' 의 3단계로 나누어 설명한 것이다.

───── 〈예시〉 ─────
1. 과학적 사실: 달은 대기가 희박하다.
2. 과학적 현상: (출발을 알리는) 소리가 잘 들리지 않는다.
3. 경기 모습: 선수들이 출발을 하지 못한다.

　달에서 아래의 세 가지 종목이 진행될 때, 나타날 수 있는 경기 모습과 그 이유를 위의 〈예시〉처럼 3단계로 나누어 <u>4가지</u>를 설명하시오.

〈스키 점프〉	〈축구〉	〈피겨 스케이팅〉

─── 답변 요령 ───
① 과학 용어를 사용해 구체적으로 표현해야 한다.
② 〈예시〉에 제시된 과학적 현상은 사용하지 않는다.
③ 종목, 과학적 사실과 경기 모습은 중복해서 답변할 수 있으나, 같은 과학적 현상을 반복하여 답변할 수 없다.

* 창의성 면접 시 사용된 그림 파일의 저작권 보호를 위하여 유사한 사진으로 변경하여 공개함.

※ 다음 제시문 (가)~(다)를 읽고 물음에 답하시오. ㉠과 ㉡은 각각 특정한 모양의 달(moon)이다.

(가) 엄지 손톱에
도동실
달 하나 떠오릅니다.

절반쯤 몸을 숨기고
절반쯤 몸을 내민
예쁘고 하얀 [㉠]

누군가 생각날 때
손톱 한번 들여다보라고
마음이 쓸쓸할 때
환한 이야기 나눠보라고

한금 한금
달 하나
떠오릅니다.

(윤삼현 지음)

(나) 두 끝이 뾰족한
[㉡]

┌ 빨간 하늘에 생채기 낼까 봐
│ 별들의 초롱초롱한 눈을 찌르게
│ 될까 봐
㉮ │
│ 조금
│ 조금
└ 살찌운다.

자꾸
몸이
둥글어간다.

(이정인 지음)

(다) 음력으로 약 14개월마다 지구와 달이 가까워져 ㉢ 슈퍼문(supermoon)이 나타난다. 슈퍼문이 초저녁 지평선 위로 떠오를 때와 머리 위에 높이 떠 있을 때 ⓐ 실제 달의 크기는 같지만, 우리는 지평선 위로 떠오를 때 ⓑ 더 크게 느낀다. 우리는 머리 위의 하늘보다 지평선 근처를 더 멀게 느끼며, 어떤 물체가 같은 거리에 있어도 멀리 떨어져 있다고 생각하면 더 크게 느끼기 때문이다.

(1) ㉠, ㉡, ㉢을 모두 관찰하는데 총 18일이 걸렸다면, ㉠과 ㉡은 무슨 달(moon)인지 각각 명칭(모양)을 말하고 관찰한 순서대로 ㉠, ㉡, ㉢을 나열하시오.

(2) ⓐ와 ⓑ의 차이가 나타나게 하는 우리 몸의 기관을 말하고, 사물을 보게 되는 과정에서 그 기관의 역할을 말하시오.

(3) (나)의 ㉮와 관련된 인성 요소를 아래 예시에서 한 가지 고르고, 그 인성 요소를 갖추기 위해 지원자가 기울인 노력에 대해 말하시오.

용기	절제	존중	배려	양보
겸손	관용	신뢰	헌신	인내

(3) 생텍쥐페리의 「어린왕자」에서 어린왕자는 소행성 B612에 두고 온 장미꽃을 그리워하며 다음과 같이 말한다.

> "나는 그때 아무것도 이해할 줄 몰랐던 거야! 그 꽃이 하는 말이 아니라 행동을 보고 판단했어야 하는 건데 말이야. 그 꽃은 내게 향기를 뿜어주고 마음도 환하게 해주었어. 절대로 도망을 쳐버리지는 말았어야 하는 건데! 그 꽃의 대단치 않은 심술 뒤에 애정이 숨어 있는 걸 눈치 챘어야 하는 건데 그랬어 …"
>
> "… 불평을 해도, 자랑을 늘어놓아도, 심지어 때때로 입을 다물고 있어도 그건 바로 내 장미꽃이니까."

지원자는 연구모둠의 모둠장이다. 모둠원 중에 열의는 있지만 어린왕자의 장미꽃처럼 불평이 많고 때론 심술궂은 친구가 있다. 그 친구로 인해 다른 모둠원들이 불편해 하는 상황에서 지원자는 모둠장으로서 어떻게 행동할 것인지 말하시오.

창의융합 2

※ 제시문을 읽고 물음에 답하시오.

어린왕자는 <u>구 모양</u>의 소행성 B612에 살고 있다. 어린왕자가 똑바로 서 있을 때는 중력 때문에 머리와 발, 소행성의 중심이 일직선을 이루게 된다.

북위 60°에 장미꽃이 있고, 북극점 근처에는 화산이 하나 있다. 어린왕자는 매일 아침 화산을 청소하고, 장미꽃에 물을 주러 간다.

(1) 어린왕자가 화산을 청소하고 북극점에 똑바로 선 채 북위 60°에 있는 장미꽃을 바라보니, 오른쪽 그림과 같이 장미꽃 줄기가 땅에 맞닿아 있는 지점이 하늘과 땅의 경계선에 있었다.
소행성의 반지름의 길이를 구하고 그 과정을 말하시오 (단, 어린왕자의 눈높이는 지면에서 1 m 이다).

(2) 키가 1.1 m인 어린왕자가 장미꽃에 물을 주고 똑바로 서서 북위 60°를 따라 소행성을 한 바퀴 돌았다. 이때 어린왕자 머리끝이 그리는 원과, 발이 그리는 원의 둘레의 길이의 차를 말하시오.

(1) 철수가 팀을 이루어 이 게임을 끝내기 위해 필요한 <u>최소 시간</u>을 말하시오. 이때 게임에 필요한 <u>팀의 최소 인원</u>과, 두 방 A, B에서 시작해야 할 <u>팀원의 수</u>를 각각 말하시오.

(2) 카페에서 제공하는 '이벤트 카드'를 사용하면 하나의 방을 선택하여 그 방의 '탈출에 필요한 최소 시간'을 반으로 줄일 수 있다. 이벤트 카드를 한 번만 사용하여 게임 시간을 최대한 단축하려고 한다. <u>어느 방에서 이벤트 카드를 사용해야</u> 하는지 있는 대로 말하고, 그때 게임을 끝내기 위해 필요한 <u>최소 시간</u>도 말하시오.

◎ 경기북과학고 기출문제

소집면접은 중학교 과정의 수학, 과학 사고력 문제이며, 정해진 시간에 문제를 해결하는 것이 중요합니다.

[수학]

다음 주어진 조건에 맞는 상황을 분석하여 문제에서 제시한 물건들의 그림자가 어떤 모양일지를 추측하여 그림을 그려 설명하시오.

조건 1. 빛(광원)은 아래 그림처럼 언제나 45도 각도로 비춘다고 가정한다.

조건 2. 빛(광원)은 막대기의 그림자가 정확히 반원이 되도록 180도 움직인다.

창의융합 3

※ 제시문을 읽고 물음에 답하시오.

사우나(sauna)는 내부의 온도와 습도에 따라 습식과 건식 사우나로 나눌 수 있다. 습식 사우나는 내부 온도가 약 40 ℃이며, 뜨거운 수증기와 작은 물방울에 의해 내부를 습하게 유지함으로써 체감 온도를 높인다. 반면 건식 사우나는 내부 온도가 약 90 ℃로 습식 사우나보다 높지만, 상대 습도는 습식 사우나보다 낮다.

(1) 그림 (가)와 (나)는 습식 사우나와 건식 사우나의 내부를 순서 없이 나타낸 것이다. 건식 사우나에 들어가고 싶은 영희는 사우나 표지판이 없어서 어느 곳으로 들어가야 할지 고민 중이다. (가)와 (나) 중 건식 사우나는 어느 것인지 고르고, 그렇게 생각한 이유를 말하시오. (단, 사우나 주변에 온도계는 없다.)

(가)

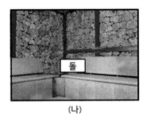
(나)

(2) 영희가 차가운 식혜가 들어 있는 컵을 들고 건식 사우나에 들어갔더니 ⊙컵 표면에 물방울이 생겼다가, 얼마 후 ⓒ컵 표면에 있던 물방울이 사라졌다. 그리고 시간이 지나면서 ⓒ영희의 피부에 액체 방울이 생겼다. ⊙ ~ ⓒ의 현상이 일어나는 이유를 각각 말하시오.

(3) 사우나 안에 있을 때, 사람은 건식 사우나보다 상대적으로 내부 온도가 낮은 습식 사우나에서 오히려 더 덥게 느낀다. 아래 제시어들을 활용하여 그 이유를 모두 말하시오. (단, 두 사우나의 크기는 동일하다.)

피부	열용량	응결(액화)	증발(기화)

[과학 1]

그림은 육지와 바다 사이에서 바람이 부는 것을 나타낸 것이다. 낮에 바다에서 육지로 바람이 부는 이유를 비열, 밀도, 부력을 사용하여 설명하시오.

창의융합 4

※ 다음은 '방 탈출 카페'라는 이색 놀이 현상에 대한 기사이다.

> **"1시간 안에 탈출하라"… 방 탈출 카페 인기**
>
> – 연합뉴스 2017.10.28.
>
> 최근 젊은이들을 중심으로 방 탈출 카페 등 체험형 공간이 인기를 끌고 있다. 방 탈출 카페란 밀실에 혼자 또는 팀을 만들어 들어가 제한된 시간 동안 문제를 풀고 탈출하는 게임을 할 수 있는 곳이다. (후략)

철수는 친구들과 팀을 이루어 동네에 새로 생긴 방 탈출 카페에서 게임에 도전하려고 한다. 이 게임은 모두 10개의 방들로 구성되어 있고, 10개의 방들을 모두 탈출해야 최종적으로 게임을 끝낼 수 있다. 게임에 필요한 규칙은 다음과 같다.

규칙 1. 게임은 방 A, B에서 시작된다.

규칙 2. 어떤 방에 입장하기 위해서는 특정한 방을 탈출하고 얻은 비밀번호가 꼭 필요하고, 각 방을 탈출하기 위해서는 어느 정도의 시간이 필요하다. 이때 각 방별로 비밀번호를 얻어 와야 하는 방과, 탈출에 필요한 최소 시간은 다음 표와 같다 (단, 방과 방 사이의 이동시간은 고려하지 않는다).

방	비밀번호를 얻어 와야 하는 방	탈출에 필요한 최소 시간
A	없음	30분
B	없음	20분
C	A	15분
D	A	10분
E	A, B	40분
F	C, D	40분
G	D	45분
H	B	15분
I	E, H	20분
J	F, G, I	20분

<u>(예시)</u> 방 E에 입장하기 위해서는 방 A, B를 탈출하고 얻은 비밀번호가 모두 필요하며 입장 후 탈출에 필요한 최소 시간은 40분이다.

규칙 3. 어떤 방을 탈출하고 얻은 비밀번호는 그 방의 탈출자 전원이 공유한다. 또한 어떤 방에 함께 들어가려는 사람들은 그 방의 입장에 필요한 비밀번호를 공유한다. 이 두 가지 방법 이외에는 비밀번호를 공유할 수 없다.

규칙 4. 각 방에 2명 이상 들어갈 수 있지만 탈출에 필요한 최소 시간은 변하지 않는다.

규칙 5. 이미 탈출이 완료된 방은 자동으로 잠겨 아무도 입장할 수 없다.

⊙ 부산일과학고 기출문제 (2020학년도)

1. 달을 탐사하는 우주 비행사들은 훈련을 할 때 주로 달과 비슷한 환경을 만들 수 있는 수중 훈련을 한다.

물 속과 달의 환경이 유사한 이유를 중력과 힘의 관점에서 설명하시오.

2. 다음 제시문을 읽고 물음에 답하여라.

> 인관이는 자신의 동생과 함께 캠핑장에 놀러갔다. 캠핑장에 가는 길에 물웅덩이에 떠있는 ㉠소금쟁이 를 볼 수 있었다.
>
> 캠핑장에 도착하여 물놀이를 하였는데 물속에 너무 오래있던 ㉡동생의 입술이 파랗게 질렸다. 인관이는 동생이 걱정되어서 뜨거운 물을 가져다 주려다가 잘못하고 ㉢뜨거운 컵에 손이 닿아 빠르게 손을 뗐다. 다행히 크게 다치지는 않았다.
>
> 그날 밤 인관이는 달 관찰 일지를 작성하였는데, 정동쪽에서 보름달이 떠오르는 것을 관찰 할 수 있었다. 다음날에도 같은 방법으로 ㉣달을 관찰하여 일지를 작성하였다.
>
> 캠핑을 마친 인관이와 동생은 캠핑장에서 나온 쓰레기를 분리수거 하기 위해 아이디어를 냈다. ㉤철제통의 부피를 최소화하여 쓰레기의 부피를 줄이는 것이었다.

(1)다음 그림은 소금쟁이가 물 위에 떠있고 빛에 의해 생긴 소금쟁이의 그림자이다. 다른 곳은 크기가 그렇게 다르지 않지만 물과 맞닿은 다리 끝부분만 크게 보이는 이유는 무엇인가?

(2)㉡,㉢이 일어나기까지의 우리몸속에서 일어나는 과정을 설명하고, 그 두과정의 공통점에 대해서 설명하여라.

(3)㉣에서 달 관찰일지를 작성하였을때, 그 전 날과 다른 것은 무엇인지 구체적으로 2가지만 이야기 하여라.

(4)다음은 ㉤에서 철제통의 부피를 줄이기 위해서 사용할 수 있는 재료들이다. 밑의 재료들만 활용하여 철제통의 부피를 최소화 할 수 있는 방법을 고안하시오.

(철제통15L, 쇠삽, 쇠망치, 알코올 분무기(에탄올 70%), 가스점화기, 철제통 뚜껑)

10

영재학교 면접 기출문제

■ 영재학교(英才學校)는 영재교육의 목적으로 설립된 학교이다. 2021
년 기준으로 전국에 과학을 공부하기 위한 고등학교 과정의 과학영재
학교가 한국과학기술원 부설 한국과학영재학교(부산), 서울과학고등
학교(서울), 경기과학고등학교(경기), 대구과학고등학교(대구), 대전과
학고등학교(대전), 광주과학고등학교(광주)로 총 6개의 영재학교가 있
다. 과학예술영재학교로는 세종과학예술영재학교(세종)와 인천과학예
술영재학교(인천)의 2개 교가 있다.

*2021학년도 영재학교 경쟁률(정원 내 전형 기준)

학교명	경쟁률	모집인원	지원인원
세종영재	23.33	84	1,960
인천영재	19.25	75	1,444
대구과고	17.10	90	1,539
경기과고	13.00	120	1,560
대전과고	12.54	90	1,129
한국영재	11.95	120	1,434
광주과고	9.10	90	819
서울과고	7.61	120	913
계	13.69	789	10,798

🎯 서울과학고 기출문제 (2019학년도)

2. 창의성·문제해결력 검사

창의성·문제해결력 검사는 영재성, 창의성, 문제해결력, 융합적 사고력을 평가하는 검사로 중학교 교육과정에서 통합형 교과로 시행되며 검사의 성격상 서술형 문항으로 출제된다.

출제 영역		수학	출제 내용	닮은 도형, 삼각형의 닮음조건, 닮은 도형의 성질의 활용
출제 근거	교과	수학2, 수학3		
	성취 기준	• 삼각형에서 평행선과 선분의 길이의 비를 이용할 수 있다. • 삼각비를 활용하여 삼각형의 넓이를 구할 수 있다.		
출제 의도		• 삼각형의 닮음을 이용하여 삼각형들의 넓이 사이의 관계를 구할 수 있는지를 평가한다.		
문항		예각삼각형 ABC가 주어져 있다. 각 꼭짓점 A, B, C를 지나는 직선이 마주보는 변과 만나는 교점을 각각 D, E, F라 하고 선분 BE와 선분 CF의 교점을 P, 선분 AD와 선분 CF의 교점을 Q, 선분 BE와 선분 AD의 교점을 R라 하자. $\overline{AF} : \overline{FB} = 1 : x$, $\overline{BD} : \overline{DC} = 1 : y$, $\overline{CE} : \overline{EA} = 1 : z$일 때, 다음 물음에 답하시오. (단, $0 < x < 1$, $0 < y < 1$, $0 < z < 1$) (1) $x = y = z$일 때, $\triangle ARE = \triangle BPF = \triangle CQD$임을 설명하시오. (2) $x = y = z$이고 $\triangle PQR : \triangle ARE = 3 : 1$일 때, $\dfrac{\triangle ARE}{\square AFPR}$의 값을 구하시오. 			

⊙ 세종과학예술영재학교 기출문제 (2020학년도)

[문제 1] 0<a<1000인 소수 a를 이용하여 만드는 반복수를 다음으로 정
의한다.

> ● 반복수는 4개의 소수의 곱으로 나타난다.
> ● 십만 자리의 수이다.
> ● 십만의 자리와 백의 자리, 만의 자리와 십의 자리, 천의 자리와 일의 자리가 같다.
> ● 십만의 자리와 만의 자리와 천의 자리를 이어서 만든 숫자가 a이다.

가능한 반복수 중 최댓값을 A, 최솟값을 B라고 했을 때, A-B는 얼마인가?

[문제 2] 내가 듣는 나의 목소리와 남이 듣는 나의 목소리(녹음해서 듣는
목소리)가 다른 이유를 소리가 들리는 경로를 포함하여 설명하시오.

출제 영역	수학	출제 내용	이차함수 $y=a(x-p)^2+q$의 그래프, 이차함수의 최댓값과 최솟값

출제 근거	교과	수학3
	성취 기준	• 이차함수의 의미를 이해하고 그 그래프를 그릴 수 있다.

출제 의도	• 이차함수의 그래프의 성질을 이해하고, 최댓값을 이용하여 그래프의 개형을 추론할 수 있는지를 평가한다.

문항	그림과 같이 합동인 정삼각형 PAB와 정삼각형 QCD에 대하여, 직선 l은 두 삼각형의 꼭짓점 P와 Q를 지나고 두 정삼각형의 넓이를 이등분한다. 삼각형 QCD는 움직이지 않고 삼각형 PAB는 오른쪽으로 평행이동하고 있다. 꼭짓점 P와 Q가 만나는 순간부터, 선분 QP의 길이 x에 따른 두 삼각형이 겹치는 부분의 넓이를 y라 하자. x와 y 사이의 대응 관계를 나타내는 그래프로 가장 알맞은 것은? 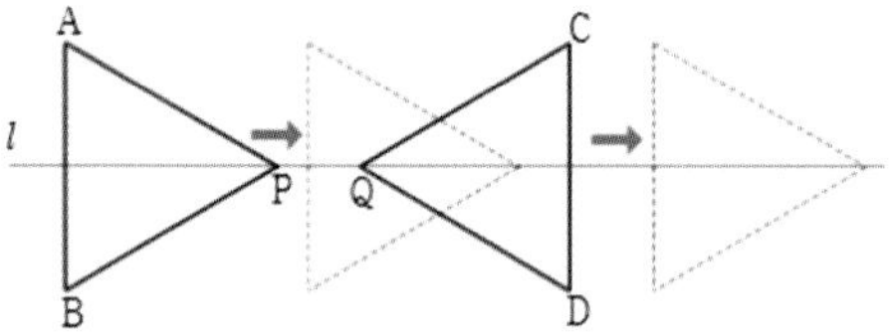

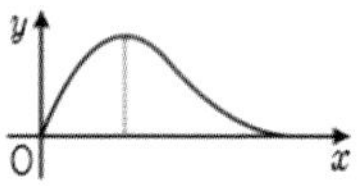

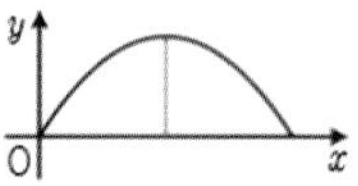

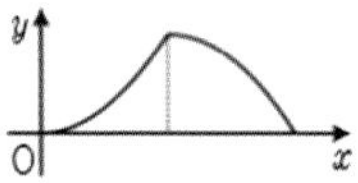

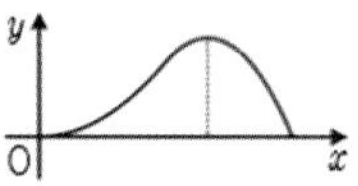

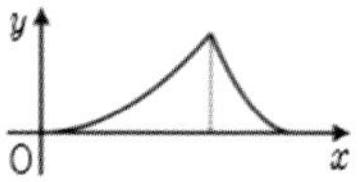

🎯 한국과학예술영재학교 기출문제 (2020학년도)

[문제 1] 변의 길이가 a, b, c, 4이고 둘레의 길이가 L인 사각형 중 넓이가 최대일 때의 사각형은 무슨 사각형인지 a, b, c를 이용하여 설명하시오(단, L은 10보다 작은 양수이다).

[문제 2] 산업화로 인해 수많은 양의 탄소가 대기로 방출된다. 이 탄소는 원래 어떤 형태로 존재했는지 설명하시오.